이하(李夏)의 시가 있는 산문

86억 명이 탄생시킨 존재

한울출판사

프·롤·로·그

적어도 제게 있어서 글을 쓰는 순간만큼은 일상의 무게를 더는 일이었습니다. 그 장르가 시든 수필이든 또 평문이든 간에 가장 진지하게 만나는 세계가 놓여 있기 때문입니다. 글로써 남과 소통하고 세계와 만나는 일은 즐겁습니다. 특히 어떤 제지도 없이 평화롭게 나를 드러내는 욕구 발산이기도 하니 말입니다.

그러나 막상 책으로 세상에 내놓는다는 것은 망설여집니다. 성근 나를 노출시키는 데 익숙하지도 용기도 부족하기에 그러합니다. 그래도 호기부리자고 작심하니 간지러운 서정류의 산문이 대부분이어서 대개는 빼고 제딴은 스스로 회고할 만한 글만 실었습니다. 특히 산문을 쓰면서 관련된 시를 연상하면, 관념적이고 일상적으로 보아왔던 세상이 또 다른 진실과 경이감으로 다가왔고 이를 느껴보고자 한 글을 더 취하였습니다. 만족할 만한 글은 자기 사색과 쓰기를 거듭함으로써 수정된다고 봅니다. 이 글들은 나와 인연을 맺고 있는 모든 것들에 대한 이해와 정감의 폭을 넓히는 촉진제가 될 것입니다.

출판을 허락해준 한올출판사에 감사의 말씀 드립니다.

2007. 8. 경동대학교 충효관 雪臥齋에서

차 · 례

1 86억 명이 탄생시킨 존재

Contents

2 설악의 둘레

차 · 례

3 내 마음에 가까운 시

Contents

4 흐르는 강 흐르지 않는 물

1

86억 명이 탄생시킨 존재

86억 명이 탄생시킨 존재

봄이 왔다. 눈꺼풀 감기는 소쩍새 울음도 곧 들릴 것이다. 아마 이 소쩍새가 울지 않는다면 가을 국화꽃은 피지 못할 것이다. 한 송이 국화꽃을 피우기 위해 천둥도 덩달아 먹구름 속에서 또 그렇게 울 것이고… 서정주 시인은 '국화 옆에서' 그렇게 노래했다.

비약이 심한 시인 자신의 개인적 상상력이 아니라 지극히 가능한 인연의 결과일 수 있다. 그렇게 보면 국화꽃은 곧 나 자신을 비유한 바도 된다.

한 송이의 국화꽃을 피우기 위해
봄부터 소쩍새는
그렇게 울었나 보다.

한 송이의 국화꽃을 피우기 위해
천둥은 먹구름 속에서
또 그렇게 울었나 보다.

그립고 아쉬움에 가슴 조이던
머언 먼 젊음의 뒤안길에서
인제는 돌아와 거울 앞에 선
내 누님같이 생긴 꽃이여.

노오란 네 꽃잎이 피려고
간밤엔 무서리가 저리 내리고
내게는 잠도 오지 않았나 보다.

— 서정주, '국화 옆에서' —

이렇게 생각해보자. 한 총각이 있었다. 밭을 일구기로 작심한 날 비가 많이 왔다. 밭일을 포기하고 마침 장날이라 읍내에 가서 곡괭이 한 자루를 사러가기로 하고 집을 나섰다. 마을 동구 앞 버스를 기다리던 중 이웃 김씨네 황소가 고삐가 풀려 빗속에 날뛰고 있기에 김씨네 집에 소를 몰아주고 오느라 그만 버스를 놓치고 말았다. 그리하여 하는 수 없이 지나가는 삼륜차를 얻어 타고 읍내에 갔다. 그리고 한편, 삯바느질을 하던 한 처녀가 있었다. 바늘이 부러지는 바람에 장날이고 하여 바늘을 사러 골목길을 나서던 중 개 한 마리가 캉캉 짖는 바람에 놀라 우산을 놓치고 어귀에서 꼼짝 못하고 있었다. 이 때 지나던 한 총각이 개를 쫓고 우산을 들려주었다. 이 총각과 처녀는 이것이 인연이 되어 결혼하게 되고 철수라는 자식을 두었다.

그렇다면 '한송이 국화꽃을 피우기 위해 / 봄부터 소쩍새는 / 그렇게 울었나 보다' 는 '철수가 태어나기 위하여 / 그날따라 봄비가 / 그렇게 내렸나보다.' 와 같지 않은가. 철수가 태어나기 위해 황소 고삐가 풀렸고, 바늘이 부러졌고, 똥개는 짖었다.

불교의 주요 세계관 중 하나인 연기(緣起) 곧 인연생기(因緣生起)로 보면, 이렇게 수많은 인연에 의하여 어떤 결과가 존재하게 된다. 인과론인 셈이다. 여기서 인(因)은 직접적 원인이요, 연(緣)은 간접적 원인을 말한다. 위의 예화에서 철수가 태어난 인(因)은 장날 선남선녀로 만난 부모이지만, 연(緣)은 비, 황소, 개, 바늘, 장날, 곡괭이 등등이 되는 셈이다. 더 나아가 연(緣)은 그 개와 황소의 에미도 되는 것이요 그 동물과 부모와 부모의 조상이 숨쉬고 살아갈 수 있는 40억년 광합성의 역사를 통해 이루어진 21%의 지구의 산소 농도도 되는 것이다. 성경에서 태초에 하나님이 세상과 당신의 모습과 같이 아담과 이브를 만든 것도 그리고 무화과 열매와 뱀을 둔 것도 나를 존재케 한 연이 된다. 나 자신의 존재는 그렇게 보면 얼마나 고귀한 존재인가? 그런 만큼 나 아닌 다른 이도 무한한 역사로 이루어진 존엄한 생명이 아닌가?

수학 문제를 하나 풀어보자. 약 1천년 전 조상부터 지금의 내가 있기까지 그간 얼마나 많은 조상이 필요했을까? 대충 33대 조상부터라 보고 한 수학자에게 자문하여보니 2의 33승, 곧 무려 85억 9천만명의 조상이 존재함으로써 내가 있게 된 것이라 한다. 그도 그럴 것이 내가 있기까지 부, 부의 부모, 또 부의 부모의 부모…모, 모의 부모, 그 모의 부모의 부모…가 필요하기 때문이다. 가령 할머니의 할머니뿐만 아니라 할머니의 외할머니의 외할머니까지도 존재하여야만 내가 존재할 수 있는 것이다.

'길가 하찮은 돌멩이도 연분이 있어야 찬다.' 라는 우리 속담이 있다. 그러고 보면 만물의 영장이라 하는 한 생명의 탄생과 존재는 결코 가벼이 볼 수 없는 크나큰 은혜요, 역사요, 존엄함이 깃들여 있다. 더욱이 내 가까이 있는 가족과 이웃, 동료와 지기라면 그 인연이 깊디깊을 수밖에 없다. 서로를 존중하고 사랑해야 할 원리가 어쩌면 여기에 있지 않을까? 그보다 내 스스로의 생명과 타인의 생명에 대한 가치를 귀중하게 여기는 것이 우선됨은 말할 것도 없다.

일전에 몇 건의 자살 보도가 있었다. 가족 동반 자살 또는 미수에 그친 몇 건은 비참하다 못해 몹시 괘씸했다. 자살 인터넷 사이트 사건도 경악케 했다. 통계청이 발표한 '2002년 사망원인통계결과' 에 따르면 인구 10만 명당 20대는 12.5명, 30대는 18.6명으로 사망원인 중 2위를 차지했다. 전체 순위에서도 자살은 92년 9.7명에서, 2002년 19.13명으로 두 배 가량 증가한 셈이다.

지구상에서도 자살은 인간의 10대 사인의 하나로 매일 약 1천 명씩 자살로 인생을 끝낸다고 한다. 실존주의 태동을 알린 키에르케고르는 자살은 진정 절망해본 자의 소행이 아니라 했다. 자살의 정서가 일반적 절망감, 무력감, 현실 도피라는 게 정신병리학자들의 공통된 견해다. 여기에 더 보태면 신의 섭리라 할만한, 수많은 생명의 인연에 대한 배신행위다. 그러하니 타인의 목숨을 빼앗는 일이야말로 신의 섭리에 대한 더욱 악독한 배반일 수밖에 없고, 아무리 부모라 할지라도 동반 자살로 자녀의 목숨을 앗을 권리는 더더욱 없다.

프랑스 사회학자 듈겜(Durkheim)은 사회적으로 고립(anomie현상)되었거나 융화하는 정도가 스스로 부족하여 발생하는 이기적인 자살에 대하여, 개인의 건강한 정신과 사회의 관심을 촉구한 바 있다. 한국은 경제가 어려운 시기와 4계절 중에는 봄시름(春愁)탓인지 늦은 봄에 자살이 많다하니, 이래저래 생명 경시의 풍조를 일소하기 위해서는 무엇보다 인간자신의 존재 가치에 대한 올바른 인식과 강인한 생명력이 필요한 때가 아닌가 한다.

청마 유치환은 '생명의 서' 에서, 더 나아갈 수 없는 절망의 순간, 삶의 나락에 서서도 치열한 내 생명의 근원, 자아의 참모습을 발견하려고 장렬하고도 비장한 몸부림을 하지 않았던가.

나의 지식이 독한 회의(懷疑)를 구(救)하지 못하고

내 또한 삶의 애증(愛憎)을 다 짐 지지 못하여
병든 나무처럼 생명이 부대낄 때
저 먼나먼 아라비아의 사막으로 나는 가자.

거기는 한 번 뜬 백일(白日)이 불사신같이 작열하고
일체가 모래 속에 사멸한 영겁(永劫)의 허적(虛寂)에
오직 알라의 신만이
밤마다 고민하고 방황하는 열사(熱沙)의 끝.

그 열렬한 고독 가운데
옷자락을 나부끼고 호올로 서면
운명처럼 반드시 '나'와 대면케 될지니.
하여 '나'란 나의 생명이란
그 원시의 본연한 자태를 다시 배우지 못하거든
차라리 나는 어느 사구(沙丘)에 회한 없는 백골을 쪼이리라.

– 유치환, '생명의 서' –

맨 처음 받은 사랑과 마지막 남기는 사랑

오랜만에 아이 부르는 소리를 들었다.

"희성아- 밥 먹자아-"

멋없게 떨어지는 플라타너스 낙엽을 발길로 툭툭 차다가 환청인 듯 들었다. 한 아이가 쪼루루 할머니 곁으로 뛰어간다. 어스레한 국민학교(초등학교) 운동장에서 땅금놀이에 여념이 없다가 밥 먹으라는 소리에 서둘러 집으로 뛰어갔던 옛 추억이 아른거린다.

그 이름 부르는 소리가 참 아늑하다. 세상에서 이보다 듣기 좋은 소리가 없을 듯 하다.

덩달아 내 이름을 가만 불러 본다. 문단에 동명이인이 있어 쓰는 필명이나 늘 쓰는 본명도 명함 붙박이 혹은 직명같이 건조하게 들리더니 왠지 이름이 입안에서 달게 느껴진다. 나의 실체를 만난 듯 빙긋 웃어본다. 참 정겹다. 내가 내 이름을 정겹게 느껴본 지 얼마나 되었을까? 내 이름이 정겹게 느껴졌을 때 나는 평화롭다. 반면 내 이름이 누추하게 여겨졌다면 현재의 삶은 무엇인가 만족스럽지 못한 게 분명하다.

나의 이름은 나의 허상이요 나의 진실이다. 유희적이고 역설적인 표현 같지만 달리 틀리다 할 수도 없을 것 같다. 숱한 철학자나 도인들이 이름이라는 허상을 벗어나 사물의 실체 그 본연의 진실을 발견하고자 하였고, 명전자성(名詮自性) 곧 이름은 그 사물의 성질을 나타낸 것임도 부정할 수 없을 터이니 말이다.

여기에 사람의 이름이란 특별한 의미가 더 있다. 세상에 처음 태어나면서 가장 먼저 받은 사랑의 기표가 이름이요, 가장 깊고 큰 사랑 그 자체로 상징화되어 최초로 부여된 언어가 이름이라는 점이다.

태아일 때부터 이름을 지어주는 경우도 있지만 아이가 태어난 순간부터 작명은 여간 큰 고민이 아닐 수 없다. 부모 혹은 조부모형제자매까지도 가장 큰 숙제가 아이의 이름을 짓는 일이다. 자나깨나 화두를 풀듯 몰입한다. 여기에 온갖 소망이 담겨 더 어렵다. 오래 잘 살아야 하고, 건강해야 하고, 훌륭한 인격체가 되는 것은 물론 출세까지 했으면 하는, 기대와 희망 그리고 기원이 깃든다. 어찌 세상에서 맨 처음 받은 사랑이 이름이 아니라 하겠는가?

그 유명한 김춘수의 시 〈꽃〉에서 "내가 그의 이름을 불러 주기 전에는 / 그는 다만 / 하나의 몸짓에 지나지 않았다."라고 했듯이 하나의 몸짓에서 우리는 사랑이라는 향기와 빛깔에 맞는 나의 이름을 가진 것이다.

이색(李穡)의 목은집(牧隱集)에 보면 "자식은 자기 몸에서 나누어졌음에도 이름을 지어 그 기쁜 마음을 기록했는데, 하물며 내 몸인 나 자신의 이름과 자를 모두 고쳤으니 나는 다시 처음이 된 것이다."라고 하여 이름을 새로 얻은 것에 대한 새로움과 기쁜 뜻을 말하고 있다. 이름이 지닌 각별한 의미를 일깨워 주는 대목이다.

나의 이름을 사랑함은 곧 나의 삶을 사랑하는 일이다. 내 이름은 사랑 그 자체의 존재이다.

나는 간혹 학생들과 한담을 나눌 때면 이름 풀이를 곧잘 해준다. 이두식이든 한자 뜻풀이 식이든 혹은 괘를 보는 식이든 간에 가장 좋은 풀이로 소위 해몽 좋게 한다. 그리고 자신의 이름에 긍지를, 애정을 가지라 당부한다. 이 세상에 발 들여놓고 맨 처음 받은 사랑을 잊지 말라고 한다. 이게 진정 나에 대한 첫사랑이기 때문이라 말한다. 그래서 청춘의 첫사랑은 눈물짓게 하는 수가 많지만 이름으로 내게 온 첫사랑은 은혜로 늘 함께 하는 것이라고 해준다.

우리는 이름을 하나 받은 보답으로 보태어 두 가지를 갚아야 한다. 내리 사랑이라고 나 역시 자식에 그런 사랑의 징표를 물려주어 소위 원금을 갚는다면, 나머지 하나는 죽고 난 후 내 이름을 떠올리는 이에게 이름의 촉감이 아늑하거나 그릇됨이 없는 이미지로 느낄 수 있도록 사는 일 그것이 받은 사랑에 대한 이자를 갚는 일이 아닐까?

이제 결혼하는 제자들이 많아지면서 어쭙잖게 작가랍시고 또 몇몇 어깨너머 흉내로 지어준 전력 때문에 그들 후세들의 작명을 부탁 받을 때가 있다. 대개는 사양하지만 제자 중에는 나의 이런 옛 한담을 떠올리며 비로소 부모가 되어보니 알겠노라고 체면 불구 거듭 의뢰해올 때는 사양치 못한다. 애정이 그러하여 사양치 못한 젖값으로 며칠 밤을 부담 안고 새운다.

그런 후 이름을 몇 개 정도 지어 보낸다. 부모 마음 비추어 선택하라고 하면서, 그리고 메모지에 이렇게 더 보태어 쓴다.

"구좌 번호일세. 행복하게 태어나 행복한 축복으로 이름을 가졌으니 그 이름으로 그렇지 못한 또래에게 맨 처음 사랑을 베풀도록 해주게나. 그것으로 비싼 작명비는 대신했네."

그리고는 심장병어린이돕기 단체의 기금구좌번호는 맨 끝에 꼭 써둔다.

유리벽의 시대

나를 차단한 붉은 신호등이
꺼지기 셋, 둘, 하나
그리고 구속을 향한
질주만이 남았다. 결코
서로를 침범할 수 없는
평행의 질긴 차선 위에
복제한 마네킹들만
돌아오고 있었다.
----(중략)----
마늘을 먹지 못한
사람들은, 제각기
푸른 신호등이 켜지기 전
셋, 둘, 하나
너나 나나 가쁜 숨을 멈추고
너보다 나보다 먼저 가야할
이유도 모른 채
구속을 향한 질주를 한다.

— 이하, '역(逆)' 중에서 —

요즈음 주변을 돌아보면 아득하거나 갑갑함이 나를 옥죄인다. 흡사 허허로운 들판이거나 아니면 막다른 골목을 만난 기분이다. 급변하는 시대 변화에 원활하게 적응하지 못해서일까? 시대 조류에 관한 심상이 허허롭다. 그런 반면 사람 개개인을 두고 보면 때론 봉쇄와 단절된 느낌을 받는다. 세계화의 세계는 지나치게 열려 막연하고, 사람과의 세계는 개인주의에 서로 갇혀 갑갑하다. 극단적인 개폐의 상황이 우리를 불안케 한다.

특히 시대 조류에 대한 불안보다는 사람을 대상으로 하는 것일 때 그 실망감과 갑갑함이란 탄식마저 잊게 한다. 시선을 돌려 가까운 일상 주변을 살펴보면 사람과 사람 사이가 지나치게 닫혀 있음을 발견한다. 언론 매체도 숨이 콱콱 막히는 폐쇄적인 기사가 대부분이다. 아전인수격인 사고에서 떠들썩하기만 한 여야의 정쟁, 공존과 화해의 길이 멀기만 하는 남북문제, 인간의 기본적인 윤리마저 외면한 사건 사고들, 인간 가치와 진리를 숙성시키는 기능을 잃어버린 듯한 교육 현장의 혼란상, 서로의 대립과 분노만 남은 듯한 노사의 문제……

이러한 것에 대한 근본적인 문제는 무엇일까? 결국 상대의 입장을 고려한 이해와 양보의 문제로 귀결해도 좋을 듯하다. 어쩌면 함께 공존한다는 우리 고대사회의 '대동사회' 의식이야말로 매우 적절한 치유책일지도 모른다. 내가 살아가면서 마음 한 쪽 지나치게 내 자신의 입장에서 생각하고 처신하면서 남에 대한 배려는 인색하지는 않았는지 한 번 쯤은 점검해볼 일이다. 특히 상대의 입장과 생각을 합리적으로 해석하기 위해서는 허심탄회한 대화가 중요하다. 사회 문제로 제기된 여러 사안들의 원인을 살펴보면, 우리 모두가 다 알면서도 소홀히 하고 있는 흔히 대화의 부족에서 오는 경우가 허다하기 때문이다.

그런데 이 대화는 일상적인 언어 행위 외에 주제에 대한 토론이나, 의견 진술의 화법에 관계된다. 그리고 일정한 풍토가 조성되어야 가능한 점이 있다. 자라나는 청소년 시절부터 인간관계를 이루는 기본 요소는 가정에서부터 이루어지는데, 의견 교환에 대한 민주적 풍토가 우리 가정에서는 권위적인 요소에 의해 일방적이거나 대화의 시간 자체가 빈곤하기 일쑤이다. 사람간 교감의 기틀은 가족간의 대화에서부터 그 기틀이 잡혀지고 이러한 성장의 경험은 사회 생활중 이해의 문제나 유대를 쌓는 문제에 있어서 중요한 자원이 될 터이다.

그러나 한 보고서에 따르면 가정 내에서 자식들이 아버지와 대화하는 평균 시간은 하루에 5분 꼴이며 어머니와는 20분 꼴이라 한다. 이러한 상황은 무엇을 뜻하는가. 청소년의 비행의 원인에 대한 의견도 친구, 문화, 사회, 학교 교육의 문제보다 「가정에 문제가 있기 때문」이라고 청소년 스스로 응답한 결과가 3분의 2이고 보면, 대화 없는 가정이라는 공간이 비행의 주요한 원인으로 작용한 셈이다.

노부모 입장에서도 대화의 갈증을 느끼기는 마찬가지다. 몇 년 전 모 방송국에서는 노부모들에게 「가장 기뻤을 때가 언제였느냐.」라는 설문조사를 한 바 있었다. 공경, 건강, 봉양, 입신양명 등과 관련된 응답이 아닌, 의외로 「아버님, 어머니, 이점 상의하고 싶습니다.」라고 자식들이 말해왔을 때였다는 것이다. 대화로부터 소외되었다는 점은 자식이나 부모나 공통적으로 인식하고 있는 셈이다. 그야말로 보이되 차단된 유리벽의 시대임을 실감한다. 하물며 가정뿐이랴.

상대에 대한 이해와 사랑, 이것은 대화 없이는 불가능하다. 대화 없는 개인이나 사회는 단절과 폐쇄성만이 존재할 뿐이며 이는 비인간화로 치달을 수밖에 없다. 그러함에도 우리에게는 진지한 대화의 생활이 결핍되어 있다. 대화란, 한쪽에서만 이루어지는 것이 아닌, 상호간의 성의와 관심에서 출발한다. 자기의 사고와 견해가 옳다고만 내세워서는 성립되지 않는다. 듣고 이해하려는 역지사지(易地思之)가 필요하다. 여기에다 종래의 불신적 요소나 선입견을 말끔히 지운 상태에서 출발해야 한다. 「으레 그래 왔으니까」라는 생각을 먼저 버려야 만이 인정의 새싹이 돋을 자양분이 갖춰진다.

R타고르는 「人生의 實現」에서 「성벽들은 우리의 정신적 견해에다 분리와 지배의 원리를 수립한다」하였는데 인간과 인간 사이에 놓인 불신과 선입견이라는 벽 또한 단절과 종속만을 고집하는 근원이 되는 셈이다. 때문에 흔히 우리들은 「벽을 허물자」라는 은유적 표현을 하는지 모른다.

정치, 노사, 직장, 기타 사회도 마찬가지다. 서로의 말문이 닫혀 있어서는 상호간의 온정도 동료간의 화합도 선 · 후배간의 신뢰도 없다. 우리는 공동체를 떠나 살수가 없다. 서로가 분리의 벽 속에 갇혀있다면 서로의 아집과 편견, 결핍된 사고만이 성장하며 끝내는 극단적인 개인주의만이 남을 것임에 틀림이 없다. 귀 기울일 줄 아는 대화가 있을 때 서로는 외롭지 않으며 온전한 사회가 될 것이다.

'유리벽' 이라는 가수 신형원의 노래가 있다. 작사와 곡은 한돌이라는 음악가인데 신형원의 독특한 목소리와 잘 어울리는 애틋한 곡조도 그렇거니와 가사도 우리를 쓸쓸하게 한다.

내가 너의 손을 잡으려 해도 잡을 수가 없었네.
보이지 않는 그 무엇이 나를 슬프게 하였네.
나는 느낄 수 있었네 부딪치는 그 소리를
우정도 사랑도 유리벽 안에 놓여 있었네.
유리벽 유리벽 아무도 깨뜨리질 않네.
모두다 모른척하네 보이지 않는 유리벽.

유리벽 저 쪽에 있는 사람과 자신을 숙여 이야기를 해보자. 그것은 곧 나를 유리벽으로부터 벗어나게 하는 일이기도 하다.

삶이 그러하듯 재생을 거듭해야 하지 않겠습니까?

[수해복구 봉사를 하며]

물은 수천 세월
제 몸짓과 제 뜻으로 물비늘 끌고와 쓸고 닦았던
제 길을
삭고 삭은 추억의 힘으로 찾아간 것뿐이야
우르렁우르렁 너울너울
비린내 떨어진 자리에 누워 그렇게 춤추고 몸 달뜨며
그래, 그러니
물을 탓할 일만은 정녕 아니겠지

– 김영준, '수해水害' –

이장님, 정말 큰물이 졌습니다. 낙동강 내성천가에 살았던 저로서는 "둑이 또 터졌어"라는 말을 여름이면 듣고 자랐습니다. 지난주는 예전에 생사를 건 제방 작업과 그 허탈을 떠올렸던 주간이었습니다.

어제는 학생들의 건의와 교수님의 제안에 대학본부와 각 학부에서는 전교생 속초 수해지구 봉사활동을 결정하고 학생들과 교수님, 우리들 모두는 다녀왔지요. 인정의 미덕에 함께한 것이지요.

개인적으로는 형식적이지 않은 학생들의 유례없는 동참과 근실한 활동에 적지 않은 감동을 받았습니다. 뿌듯한 모습이었고 이러한 제자들과 함께하는 저 자신이 오히려 배운 바 컸음을 밝히지 않을 수 없습니다.

제가 소속된 경동대 경영학부는 도문동(설악산 진입도 인근 지역)과 아바이마을로 잘 알려진 청호동에서 봉사활동을 했습니다. 제가 지도를 맡고 있는 3학년 학생들은 이미 9월1일(월) 양양 학우집을 밤늦게까지 도와주고 돌아와 동참했으며, 오늘 이후에도 수업에 지장이 없는 범위에서 계속 도와주고 있지요.

대학 태권도부 소속 학생들은 시합출전이 있음에도 오전에 봉사활동을 하고 오후에 출전 원정을 가리만큼 대견했습니다. 교수님들도 젖은 연탄에 검정이 되어 오물을 싣고 날랐습니다.

더욱 놀라운 것은 청호동 도움을 마치고, 오후 4시30분경 1학년만 배정되어 있는 도문동에 들렀을 때, 땀으로 범벅이 되어 뒤늦게까지 도와주고 있는 신입생 학생들을 보고 참으로 감동 받았고, 이 점은 제가 만나 뵈었던 피해 주민들과 공무원 분들의 한결 같은 칭찬이었습니다.

요사이 대학생들은 이장님도 잘 알다시피 삽질이 서툽니다. 어떤 학생은 괭이 이름도 모르는 이가 있고, 리어카를 처음 대해 본 학생도 있지요. 그러나 모두들 열정어린 모습으로 도와드리고 있었습니다. 하나였던 월드컵 때의 열정이 생각났습니다.

한편, 봉사활동에 동참하지 않고 기숙사에 종일 배회했던 학생들도 있긴 하였습니다만, 우리가 버려두었던 체면문화를 회복할 수만 있다면 좀더 아름다운 사회가 되겠지요.

이장님이 어제 전화로 들려주신 이틀 전에 전 재산을 모아 차린 슈퍼가 황토물에 휩쓸렸고 물건 하나라도 더 챙기려다 실종된 그 동리의 가게 여주인의 소식은 참 안타까웠습니다.

오늘 청호동에 들러보니 농협 빚이 그대로인데 권농 대출로 지은 일년 농사가 토사로 변한 거하며 건설자재 하치장 물길을 돌보다 영영 돌아오지 못한 이야기들. 그래도 내 배는 아니지만 노동생계를 제공했던 선주의 배를 좀더 안전한 곳으로 옮기려다 청초호 황토수심으로 사라진 두 분의 뱃사람 가족은 호숫가를 떠나지 못하고 있었습니다.

어찌 다 실상을 표현할 수 있겠습니까?

이장님, 우리가 큰 힘은 되지 못할망정, 아픔을 함께하고 조그마한 도움이나마 되어 위안을 줄 수 있다면 큰 기쁨이겠습니다. 그러한 것이 삶의 의지에 가장 큰 보탬이 되리라 봅니다.

많은 봉사 단체와 개인 분들의 온정이 답지하고 있다합니다. 대학도 정말 불가한 경우를 제외하고는 휴교를 남용 않은 것이 전통이요 상징이자 원칙적인 본연입니다만 전교적인 차원에서 봉사에 나섰습니다. 전쟁 때도 천막 학교가 있는 것은 지성의 미래를 중단하지 않겠다고 하는 상징 의미와 더불어 현실적으로 본연과 병행할 수 있다면 그 책무를 다 하는 것이 바람직하기 때문입니다.

이러한 모습을 근간으로, 현실을 외면하지 않고 다함께 동참했던 많은 대학들이 있었으며, 이번 봉사활동도 참된 대학인상으로 오래 남을 것이며 일시적인 것이 아닌 지속적인 전통으로 삼아야할 것입니다.

그리고 이번 일뿐만 아니라 살아가면서 어려운 이웃이 있을 때 우리의 따뜻한 온정의 손길은 계속되리라 봅니다.

우리 민족의 정신문화의 뿌리를 유교이념으로 정착하기 전부터 지녀왔던 '仁 '(사람 인 + 둘 이)에서 찾기도 하지 않습니까? "함께, 더불어 있는 사람 = 우리"라는 것이지요. 진정한 우리가 되어야 할 때입니다. 무엇으로든 어떤 것으로든 작은 도움을 주고자 하는 모습이 아름답습니다.

이장님, 수해를 입은 이웃 분들에게 위안에 이를 것이 무엇이 있겠습니까 만은 용기 잃지 않는 것이 우선이겠지요. 삶이 그러하듯 재생을 거듭해야 하지 않겠습니까? 고진감래와 새옹지마라는 말이 있듯이 분명 웃으시며 지난 고난을 떠올릴 날이 있을 것입니다. 그리고 거기에는 모든 이웃의 사랑도 함께 담겨 있을 것입니다.

이장님, 그럼 우선 급한 복구 활동이 끝난 다음 뵙도록 하겠습니다. 내내 건안하시기 바랍니다.

꼭 명절에 와야하남? 그렇다

임오년 설을 맞이하고 정월 대보름이 지났다.

예전 같으면 사정상 설에 세배 드리지 못했다하더라도 대보름까지는 세배로 여겼다. 세시풍속이 점차 사라지고 있다하나 재래시장 골목에서, 또 시골 마을에서는 온 동네가 떠날 듯이 "얼싸 모 나와라 모야-"하는 대보름 윷놀이가 아직 남아 있음은 정겨운 일이다.

올해에도 예년과 마찬가지 설 연휴 기간 동안 귀성 귀경 정체 현상을 다루는 뉴스가 연일 머리기사를 차지했다. 3,000만 명 이상의 대이동이 있었다. 흡사 연어 떼가 회귀하듯 본능적인 귀성 행렬이 온 국토의 길을 메웠다. 소위 귀성 교통 전쟁으로까지 비유되는 귀성 문화현상을 지켜보면서 생산 가동 중지와 교통정체에 따르는 경제적 손실을 계산하여 설 문화의 개선이나 연휴 재고를 촉구하는 목소리도 매년 제기된다. 일리가 없지 않으나, 사고가 고루해서 인지 그러한 주장에는 쉽게 동의하고 싶지 않다.

오히려 나는 이삼백년 뒤에도 귀성 전쟁(그때는 아마 도로 정체가 아니라 공중 정체일 것이다)이라는 표현이 살아있을 때 한국문화의 정체성에 대한 상징적인 한 단면이라도 살아있다 여기고 나의 영혼은 기쁠 것이다. 이삼십 년 전에 이중 과세로 정부가 양력설을 강력하게 추진 한 적이 있었다. 그러나 천년의 전통이 그렇게 계몽이나 강권으로 바뀔 리 없었다. 오랜 전통으로 다져온 민족문화는 경제적 가치나 교환가치의 잣대로 측정할 수 없기 때문이다. 더욱이 부모형제와 친지, 그리고 고향의 정을 향한 회귀 본능은 인간 본연의 따뜻한 인정과 경노효친의 고귀한 가족문화에서 비롯된다. 도시 지향적인 현대인에게 설이나 추석은 오랜만에 조건 없는 사랑의 온기를 되찾을 수 있는 휴지기이기도 하다. 캔에 담긴 산소가 아니라 삼림욕 그 자체인 셈이다. 이웃과 덕담을 나누고, 차례로써 뿌리에 대한 감사의 뜻을 전하고, 가족과 밤 새워 객지 일을 주고받음은 자손만대 이어가야 할 우리 고유의 미풍양속이다.

시대가 변한 만큼 역귀성 인파도 늘었다 한다. 차량 정체가 심해 오히려 노부모가 도시로 상경하여 명절을 보내고, 휴양지에는 숙박 예약이 조기 종료될 정도라 한다. 격세지감이다.

이번 설 고향에 갔다가 있었던 일이다. 몇 년간 명절에 보지 못한 동창이 있어 인사차 그 친구 집에 들렀다. 자당께서 반가이 맞으면서 아들이 못 옴을 매번 당직 탓으로 둘러대기 민망했던지 "교통 복잡한 데 뭐 꼭 명절에 와야하남?, 시대도 변했으니 편한 대로 피해서 오면 되지…그래서 이번에도 저번 주에 온 가족이 왔다 갔네" 하신다. 묻지도 않은 사정을 말씀하시면서 내리 사랑 그대로 아들 변호가 적극적이셨다. "그럼은요, 요새는 서울 올라가서 설 지내시고 오시는 어르신네도 많은 걸요" 맞장구쳤지만 자당의 허전한 눈매는 감출 수 없었다. 아마도 그 날 저녁, 앞 집 보름골댁 손주들이 깔깔대는 소리와 늘 명절 때면 선산 이장 문제로 옥신각신하는 대서방 어른댁 고함 소리도 부러운 쓸쓸한 긴긴 겨울 설 밤이 되었을 것이다.

행복은 절대적일 수 있지만 불행은 상대적일 때가 많지 않은가? 그리 보면 효행은 아주 작은 데서부터 있다. 명절날 앞집이 시끌벅적할 때 우리집도 떠들썩했다면 부모께 기쁨 드린 것이다. 그게 우리 문화요 우리네 사랑이다. 그리고 분명한 것은 산업화 과정에서 빚어진 전통적 가치관의 붕괴의 일면이기도한 편의주의 명절 관행을 합리성으로 치부한 그 친구의 노후도 먼 훗날 어느 명절 마을에서 유일하게 일찍 불꺼진 창을 지닐 것이다. 자기 자식들에게 보이지 않은 삶과 문화의 가치를 전승시키지 못한 대가일 것이다.

우리 명절 문화의 계승은 봉건시대로의 회귀가 아니라 휴머니즘 그 자체다. 휴머니즘의 최일선이 효이며, 효란 부모님을 타인으로부터 외롭지 않게 해드리는 것, 이 깨달음, 이번 설날이 나에게 준 가장 값진 복전이었다.

라일락을 기다리며

바람도 없는데
라일락꽃이 후두두둑 떨어진다
매맞는 오월의
뜰 꽃잎에 속이 울리고
담벽을 닫은 유인물에서
충혈된 절벽들이 뛰어내린다
일제히 발등을 들어올리는 풀포기들
라일락 밑은 죄다 멍투성이

– 장석남, '라일락 밑' –

이제는 라일락을 기다립니다.

영랑호를 감싸던 개나리도 진달래도 제 꽃잎 떨군 자리에 연록 잎사귀로 신록의 향연을 맞이했습니다. 설악산 목우재와 동우대 뜰 왕벚도, 가지 하나에 꽃봉 하나만 지니다가 뚜욱 떨구고 가지 허전한 목련도 청명(淸明)의 제철을 다했습니다. 백곡의 싹을 틔울 기름진 땅을 위하여 봄비가 대지를 적시는 곡우(穀雨)까지는 어성전 가는 길 곰마을 과원으로 나가 복사꽃 배꽃의 화전놀이에 취해 볼 일이지요. 그러다가 조금씩 움을 돋우는 라일락 뜰에 와서 어지러운 눈을 감고 향기만 자근 씹어볼까 하면 참으로 설렙니다. 그래서 내 손으로 심은, 경동대학교 기숙사

뒤뜰 라일락 곁에 가서 자꾸만 서성거려 봅니다.

봄꽃 중 향내의 대명사인 라일락, 이 꽃향기는 은은하면서도 감미롭고 풋풋하고도 청아합니다. 흡사 젊은 연인이 스쳐간 듯 행복한 향내, 첫 키스만큼 아득하고 감미로운 향이 나무 그늘 아래에 가득합니다.

꽃말은 '첫사랑의 정서(붉은 꽃)', '젊은 날의 초상(보라 꽃)', '순결 순진(하양 꽃)', '아름다운 맹세'인데 대개 순수하고 애잔한 청춘의 사랑을 뜻합니다. 꽃빛깔은 다소 붉은 빛을 띤 연보라색이 주로 많지만 이제는 개량 품종으로 흰색이 가장 많으며 간혹 적, 청색 등도 있습니다. 4~5월에 커다란 원추꽃차례(원뿔모양의 꽃차례에 수십 송이씩 군무로 피어남)를 이루며 피어나는데 이 라일락 꽃 하나만 보면 긴 깔때기 모양에 꽃잎이 4갈래이지요. 흡사 눈 온 날 아이들이 동서남북 네 발자국 꽃잎을 작은 발로 찍어 그려놓은 듯 앙증스럽기도 합니다.

라일락이라는 이름은 푸름을 뜻하는 아라비아어의 'laylak'에서 유래한 영어입니다. 영국 시인 엘리엇(T.S. Eliot)은 그의 출세작 〈황무지 The Waste Land〉에서 "4월은 가장 잔인한 달 / 죽은 땅에서 라일락을 키워내고 / 추억과 욕정을 뒤섞고 / 잠든 뿌리를 봄비로 깨운다…"라며 재생의 생명력을 이 꽃으로 은유화 하기도 했습니다. 프랑스에서는 이 꽃을 '리라(lilas)'라고 합니다. 아직도 애창곡으로 불려지고 있는 우리나라 가요 '…리라 꽃 지던 밤에 베사메 베사메무쵸 / 리라 꽃향기를 나에게 전해다오…'라는 가사를 지닌 '베사메무쵸'의 리라꽃이 바로 이 라일락을 일컫는 말이라는 것은 아시겠지요. 그러고 보니 라일락 피는 교정에서 만났다는 노래도 있군요.

우리나라에서는 '수수 모양으로 꽃이 달린 나무' 하여 '수수꽃다리' 라는 예쁜 이름으로 불리어 왔습니다. 이외에도 정향나무, 개회나무, 꽃개회나무 등 모양이 서로 비슷한 나무가 산과 들에 여럿 있습니다. 특히 정향(丁香)나무는 예로부터 향료와 약재로 널리 쓰였다고 합니다. 미국 라일락 중 3분의 1을 차지하고 있을 정도로 인기 있는 '미스킴라일락' 은 고향이 원래 북한산 백운대인 수수꽃다리가 1947년 미국으로 반출되어가 개량된 것이라고 하니 우리 품종을 보존하고 개량하는 일에도 관심을 기울여야 할 것입니다.

이 라일락은 유럽의 젊은 연인들에게 특히 인기가 많다 합니다. 향기가 은은하여 연인의 향으로 손꼽고, 네 갈래로 갈라지는 꽃잎이 간혹 다섯 갈래로 갈라진 걸 찾으면 마치 '네잎클로버' 처럼 사랑이 이루어진다는 낭만적인 믿음에서 더욱 사랑 받는다고 합니다. 두툼하면서 윤기가 흐르는 잎은 영락없는 하트 모양이니 꽃향기와 함께 아름다운 사랑의 상징일 만합니다. 프랑스에서 하얀 라일락(리라, lilas)은 젊은 아가씨의 순결한 청춘을 상징하여 아가씨 외에는 몸에 지니지 않는다 합니다.

이 꽃과 관련하여 영국에서는 다음과 같은 슬픈 이야기 하나가 전해지고 있습니다. 어느 아가씨가 순수하게 믿었던 젊은 남자에게 순결을 잃는 배신의 상처를 입고 말았답니다. 그녀는 매우 절망한 나머지 안타깝게도 목숨을 끊고 맙니다. 이를 애절하게 여긴 절친한 친구 하나가 그녀의 묘에 보랏빛 라일락을 한 아름 바쳤지요. 그런데 그 이튿날 아침, 꽃잎이 모두 순백색으로 변해 있었고 꽃의 하얀 자태는 흡사 그녀의 아름다운 순결을 그리는 듯 하였답니다. 지금도 '하트포드셔' 라는 마을의 교회 묘지에는 이 꽃이 계속 피고 있다고 합니다.

향긋한 라일락 꽃 그늘 아래 슬픈 사랑이 아닌 청춘의 고결하고 순수한 사랑을 그려보시기 바랍니다. 저는 소담스레 피는 향내를 하얀 모조지에 담아오려 합니다.

호리병처럼
신비한 생의 그릇
다 비우고 나면,
너처럼 머물다
돌아오는 계절
내게는 없네.
콧잔등에 앉은 하늘
연신 푸른 재채기를 해대는
사월의 오후
안녕, 나의 사랑
사춘기 끝무렵 가볍게 아픈
결별 같은 꽃이여
꽃차례에 내린 햇살
하얗게 일어서더니
이제는 연록 그늘에 놀던 바람만
너의 향기 자근 물어올 뿐이네.

— 이하(李夏), '라일락에게' —

겨울이 오는 길목에서

가장 순수한 가을 빛은
산에 있지 않고 들에 있었다.
불같이 활활 타오르는
단풍나무 숲에 있지 않고
출렁이는 가을 들녘
황금 물결에 있었다.
낟 곡식들이 익어서
하나로 합일(合一)되는 그
눈부신 결실 속에 가을 빛이
있었다.
세상에 어떤 물감의 조화로서도
흉내 낼 수 없는 생명(生命)의
마지막 불빛이다.
이것은 마치 임종을 앞에 둔
사자(死者)들의 혼령이 오며가며
밝히는 불빛처럼 착하다.
이것은 마치 추수 후의 텅 빈
논밭과 저무는 황혼녘의
일몰을 위하여 미리

예비해 두고자 하는 당신의

섭리처럼 아름답다.

— 박화, '빛에 대한 소묘 1' —

마른 풀잎 속에서 이루지 못한 한 시절의 꿈을 또 엿본다.

파랗게 살아올라 땅 전체를 환하게 했던 풀잎들이 바람에 서걱거리는 등껍질을 땅에 대고 어디에서나 누워있다. 모든 생명체는 아무리 작은 것이라 할지라도 전 생애를 가진다. 목숨이 갖는 시작과 끝, 그 시작은 너무나 찬란하여 애틋하게 만든다.

나도 저 많은 풀잎 속에서 흔들리는 하나의 풀잎이리라. 때로 마른 풀잎처럼 스스로 메마름을 안타까워하는 목숨인 것이다. 저 풀잎이 땅 속 어디엔가 작지만 탄탄한 뿌리로 내리고 있거나 눈에도 띄기 힘든 씨앗으로 묻혀있거나 여하튼 다음 봄에 어김없이 다시 돋아날 것을 생각하면 우리의 가슴속에도 죽지 않는 희망이 있음을 깨달을 수 있다.

그 희망을 우리는 기다림이라고 부르기도 한다.

씨앗은 겨울을 견디거나, 발아되기도 전 씨앗으로 죽거나 둘 중의 하나일 수밖에 없다.

견디지 못한 것은 죽는다. 그래서 어떤 시인은 '죽기 아니면 견디옵기를' 하고 부르짖었는지도 모르겠다. 그토록 맹렬하게 온 대지를 휘몰아치던 바람이 날카로운 이빨로 사정없이 한 시절을 물어뜯어도 이듬해 봄엔 어김없이 찬란한 봄이 온다. 오히려 추운 겨울을 보낸 후일수록 봄은 더 한층 윤기 흐르는 입김으로 세상을 부풀리어 올리지 않았던가.

기다림은 사람을 영원히 포기할 수 없는 삶으로 이끈다. 기다림을 모르는 자는 꿈을 버린 사람이다. 또한 무작정 기다리기만 하는 자는 발아하지 못하는 씨앗처럼 스스로의 생명을 정당하게 연소시키지 못하는 사람이다. 기다림의 의미를 아는 자는 호리병처럼 신비한 生의 그릇을 정성껏 채워갈 줄을 안다.

설령 그 끝에 자신의 아무 것도 얻지 못했다 해도 스스로 불탄 뒤의 재가 됨을 기꺼이 원하다. 우리의 生의 의미는 얼마나 풍요한 욕망의 충족을 얻었느냐에 있는 것이 아니라 어떻게 살았느냐 하는 과정에 있기 때문이다. 끈질기게 잡고 늘어지는 힘. 자신이 분해되고 깨어져 처음부터 다시 시작하지 않으면 안 될 상황이 온다 해도 굴복하지 않는 투지를 가진 자만이 기다릴 수 있는 사람이며, 기다림 뒤에 있는 또 하나의 정상을 향해 걸을 수 있는 사람인 것이다.

한때 풍요한 생명과 빛에 차 있던 벌판이 지금은 황량한 바람으로 차 있다. 곧 겨울이 올 것이다. 풍성했던 말을 잠시 잊어야 하리라. 나도 모든 무성했던 잎새를 버린 나무처럼 윤기를 지우고 어둠 속에 던져진 씨앗처럼 홀로 견디는 시절을 가져야 한다.

사내는 늘
언덕 아래로 무너지는
바람을 달고
공원 찻집에 들어섰네.
벽난로 불빛이
커피를 젖는 동안
사내의 두 손은
솔숲 갈색 그늘로 짠
빈 둥지였네.

가끔, 여닫이 문에 밀려
엇각으로 쓰러지는
담배연기
음악이 한 차례
흐른 뒤에야, 사내는
찻잔을 놓았네.
아, 사내는
겨울에서야
헤진 가슴을 찾는
나의 동족이야. 분명
청둥오리 날개를 따라
이 계절 떠나고 나면
다시금 가슴을 허는 우리는
알았네.
빈 찻잔의 온기를
두 손으로 꼬옥 누르면
겨울은 언제나
향기 나는 고독임을.

— 이하(李夏), '겨울 찻집에서' —

좀 더 확실한 나의 존재를 확인하기 위하여 지금은 타인 속에 자신을 던지기보다는 스스로의 내부로 침잠하여 맑은 물 속을 보듯 훤히 자신의 마음을 들여다보아야 한다. 이 확실한 공허만이 우리가 뚜렷하게 감지할 수 있는 아름다움은 아닐까. 나는 왠지 움직일 수가 없을 것 같다. 손가락 사이로 빠져나가는 바람 때문이 아니다. 저 텅 빈 벌판이나 수확을 끝낸 과수밭이나 그것들과 공통분모를 가진 내 상상력의 공간 때문만도 아니다.

왠지 나는 이 깊은 적막 속에 머리를 감 듯 마음을 몇 번인가 씻어내야 할 것처럼 느껴진다. 겨울이 오는 길목에 서면.

추억 3편

① 하늘 하나, 구름 하나

시를 생각하면 겨울 냄새가 난다. 어린 시절 영상을 떠올리면 유독 겨울이 먼저 떠오른다. 크리스마스이브 저녁이며, 정월 보름 쥐불놀이며 세배 가는 길 발아래 밤새 언 눈덩이 부서지는 소리며 그리고 처마 밑 양지, 어머니와 큰 산으로 땔감 떠나던 그 아침의 스산함….

사탕 하나 빵 하나
교회 골목길 순이 기집애 싸아한 목도리를 생각하면
십자가에 매달린 예수님 이마를 향해
그 날은 죄인이 되고 싶었다.
예수쟁이 예수재이, 앞장서 놀려대던
뒷집 맹이도 오남매 동생 손을 잡고
동방박사 축복하러 가듯 함석예배당으로 가고
도깨비에 홀려 가시덤불에
고개 처박고 죽었나벼 하던 할매도
가시관 쓴 서양 귀신 생일날
양말 타러간다.
고드름 쨍강 쨍강

투명하게 언 크리스마스 날
절골 큰동네 모두 새벽 찬송가에 잠을 깨도
그날은 누구도 시끄럽다 하지 않았다.
네모난 굴뚝이 없던 동네
빨간 크레용 냄새나는 산타만 오지 않았을 뿐
그 날 밤새도록 하얗게 눈이 내렸다.
기다리다 지친 동생은, 외양간 골방에서
구유에 뉘인 아기 예수보다
여물 냄새 더 평화로운 잠이 들었다.
싸락눈 같이 설레다가
천사보다 하얀 잠이 들었다.

— 이하(李夏), '우리들의 크리스마스' —

그 겨울 냄새가 유난히 지독히 나는 것은 '그 기다리다 지친 동생' 을 폐렴으로 잃어버린 탓이기도 하다. 얼마 후 가수 최백호의 '하얀 겨울에 떠나요' 라는 유행가가 거리마다 흐를 때, 더 에고 찢어지는 겨울이 되곤 했다.

맏형이, 열네 살 꽃다운 막내를 이름(李基植)처럼 소백산 어디엔가 묻은 뒤로는 우리 가족 누구도 동생 이야기를 하지 않았다. 가슴에 묻은 부모님 때문이다.

동생의 일기에는 여러 편의 시가 있었다. 자취방에서 엎드려 가끔 시를 긁적이는 나를 따라 한 편 후딱 쓰고는 꼭 평가를 조르던 모습이 선하다. 그 중의 일부이다.

어디서 누가 눈물 흘리나

얼마나 슬프기에
그렇게 많이 흘리나
구름처럼 눈이 부었네.
구름처럼 눈이 부었네.

– '소나기' –

칙칙 푹푹
기차가 가네.
갈대가 속삭이네.
바람이 스치네.

"아, 몸이 많아 흔들려, 형"

아우가 괴롭다는 듯
상을 찌푸리네.

– '갈대' –

첫눈을 밟는 하얀 마음이
천사되어 올라가네.

보드득
보드득
이 소리 가만히 귀 대어 보면

나보다 앞서 간

꿩이 알아.

— '첫눈' —

나에게 겨울은 습작기 고교 시절 시우(詩友)들과의 아련한 추억들이 유난히 많은 계절이기도 하다.

'문학의 밤' 이 열렸던 날도 겨울이었다. 나는 수필 한 편을 발표했었다. 2학년 초겨울의 밤을 잊을 수 없게 한 것은 비단 '문학의 밤' 행사가 있었기 때문만은 아니다. 행사가 끝나고 친구 영직이 소개해 준 여고생 한 명 때문이었다.

김경숙, 그녀는 당시 영주시내에서는 아니 어쩌면 인근 시군까지 문학을 하는 이면 모르는 사람이 없을 정도로 유명한 여자애였다. 그도 그럴 것이 중학교 1학년 때부터 백일장이란 백일장의 산문부 장원은 모두 그녀의 몫이었다. 공모도 마찬가지였다. 알게 모르게 신비에 둘러싸인 여고생으로 여겨지곤 했다. 남학생 문예반에서의 화제 속에는 늘 그녀가 있었다.

어느 날 우연히 그녀의 시 한 편을 대할 기회가 있었다. 문예반 어느 한 친구가 영주여고 문예반 학생으로부터 시 몇 편을 받은 것 중 끼어 있었던 모양이다. 지금 정확히는 기억이 나지 않지만 그리 감명을 받은 시는 아닌 것은 분명하다. 오히려 나에게는 환상이 깨진 순간이었다는 게 옳을 것이다.

자존심이 발동한 것일까? 그 후로 그녀의 작품 세계를 다 아는 양 애써 혹평을 하곤 했다. 적어도 시 분야만은.

"나는 너 영광고 문예반에 있는 거 알았어. 너 시 쓴다며? 난 주로 산문인데..."

맑게 웃으며 다가온 그녀는 나를 아는 체 했다. 하얀 삼각형의 칼라와 검정색 교복이 단정한 그녀의 얼굴을 비로소 자세히 본 것은 그 때였다.

"어? 너..... 경숙이잖아!"

그랬다. 그녀는 다름 아닌 평은 기푸실(깊은실/深谷) 한마을에 살고 있는 국교 동창이었다. 면소재지라 하지만 그리 크지 않은 마을이라 번지수도 같은 아랫마(아래쪽 몇 집)에 살고 있었다. 한 학년에 두 개 반만 있었던 국민학교라서 우리는 정말 서로의 집 숟가락 개수까지도 알 정도였다. 늘 조용하고 차분했던 아이였고 말수도 적었다. 아니, 남학생들 사이에 신비로움으로 둘러싸인 여고생이 그 애라니.... 하긴 졸업 이후 한두 번 길가에서 마주쳤을 뿐 우린 5년 만에 대화를 나누는 셈이었다. 그때는 과년한 처지가 되었던가, 그냥 왠지 쑥스러움이 커 말 걸지도 않고 지나치던 우리였다.

그러나 지금 그녀는 하늘에서 우리를 보고 있을 뿐이다. 연탄가스로 경숙이 자매가 이승을 달리한 지 세 번째 강산이 뒤척였다. 나의 여동생을 부추겨 안개 낀 새벽, 그녀를 불러내 함께 조깅하면서 꺾어주었던 제비꽃을 못 본 지도 아마 그 정도 세월일 것이다.

그 날 저녁에 우리는 또 다른 문우들과 함께 의기투합하여 문학동인(딱히 정한 또래 이름도 없었고 동인이라는 용어도 쓰지 않았지만)이 되기로 하고 자주 모여 작품도 교환하고 품평회도 갖기로 했다.

김경숙, 김송이 그리고 시조로 깨나 이름 날리던 이영직(나중에 스스로 호를 호암이라 했지만 졸업 후 우리는 이걸리-막걸리-로 부르는 것을 더 즐겨했다), 철학적 사고와 시심의 깊이를 주로 강조하던 송인호(송피주-오가피주 단골), 목월 시풍으로 단아한 시를 써서 일찍이 칭찬 받던 권순만(필명 권화빈, 권쇠주), 시적 위선을 증오했던 박영길(박홍실-'홍실' 애주가), 그리고 나(위의 술은 다 통했으니 붙일 게 없어 무식하게도 '이댓병'), 시습작을 막 시작하여 나중에 동참한 장성호, 그렇게 모여 졸업하던 해 겨울 우리는 "하늘 하나, 구름 하나"라는 고교생 동인지를 발행했다.

"하늘 하나, 구름 하나"는 모교에서 빌린 등사기(가리방이라 불렀다)로 일일이 밀어 인쇄한 책이었다. 국배판 크기에 구름 그림을 그려 넣은 아트지로 그럴 듯하게 표지도 붙여 2백부를 제작하였다. 작업장은 나의 자취방, 먼 친척뻘인 아저씨가 운영하던 동아양조장에 큰형이 사환으로 있었던 관계로 그냥 쓰게 한 일본식 목조 건물의 딸린 방이었다.

언 손을 가끔 아랫목에 넣어 녹이면서 십 여일 밤을 샌 후 작품집을 나눠 가지는 순간 그 갱지와 덜 마른 인쇄 기름내는, 풀 먹여 갓 누빈 광목이불처럼 풋풋하여 지금도 맡을 듯하다. "하늘 하나, 구름 하나"는 문학 습작기의 객기요 열정이면서 순수 그 자체였다. 그 당시 고교생 신분으로 그만한 문집을 엮은 것을 두고 기성문인마저 놀라워했고 대견해 했다.

특히, 중견 시조시인으로 활동하던 박영교 선생님, 당시 시조로 막 등단한 고 김명재 선생님, 조선일보 신춘문예에 당선하여 문단에 나온 권석창 시인께서는 누구보다 기뻐했고 습작기에 지도 말씀을 자주 주셨던 분들이었다. 한 겨울 자정이 넘어 술 한 잔 걸치고는, 그 해 신혼 재미에 빠져 있던 권석창 시인님의 댁을 느닷없이 방문하여 밤새 문학을 논하고 아는 체 했던 무뢰한이 우리들이었다.

빈 술병마다
잉크색 크레용 냄새나는
밤이 깊고

바람이 겨울 거리에

X하러 다닌다 하던
박형과

사랑은
늘 젊은 가슴에만
돋는다던 권형이

오늘도 달빛 흐르는
한 잔 소주 위에
시를 띄우고
심상 한 마장 밖에서
울음 떨구고 있어

내 흐린 근시로는
두 개 눈물이 하나이지만
깨어진 안경만 썼어도
하나 아닌 둘이기에

마음 혀끝으로
온갖 애무 주어도
오늘과 같은 밤은
불구의 밤.

— '습작시대1' —

습작 활동을 함께 하지는 않았지만 늘 그림자처럼 함께 했던 친구들도 있었다. 라면을 자주 축내던 후원자 김재현, 김정재도 가끔 그네 집에 데리고 가, 밤새 주린 우리들의 배를 채워주곤 했다. 또 로마인처럼 생긴 학급 친구였던 김병희도 잊을 수 없다. 고3 여름 방학 어느 날, 제 앞 가름도 못하는 내가 경숙이를 소개한답시고, 겨울날 공부하러 들어갔던 일출사 절에 셋이 함께 동행한 적이 있었다. 아마 그 둘은 대화 두어 마디 밖에 하지 않았을 것이다. 쑥스러움에 저 멀리 떨어져 따라오던 병희의 모습을 생각하면 지금도 슬그머니 웃음이 돈다.

이제 그들은 각자의 길을 가고 있다. 명절에, 남자 문우들만 '둥우리'라는 촌스러운(?) 이름으로 모여 가끔 그 시절을 술잔에 담을 뿐이다.

실로
오랜 만에 만났는데
별로
할 말이 없다.
서로 마주보며
맑았던 눈망울만 꿈벅거렸다.
만나면 이제
애꿎은 소주잔만 오르내리고
갈수록 입은 귀가 된다.
멋쩍게 한 번 씩 웃어보지만
소줏집 백목련 그늘 사이로
쓸모없이 잔주름만 눈가에 불쑥 어린다.

– 권화빈, '마흔' –

② 벌써 30여 년이 흘렀구나, 그러고 보니

한 통의 전화를 받았다. 쌓인 학사 업무와 곧 제출해야 할 논문 중 어느 것을 먼저 손을 대야할 지 망설이며 서성대던 찌푸린 가을 오후였다.

"이 선생인가? 나 송인호일세....."

아! 고교시절 담임 선생님이셨다. 이렇게 제자란 무심한가 보다. 늘 사랑은 내리 사랑이라고 하지만 참으로 게으른 보은이다. 몸 둘 바 몰랐지만 선생님과의 전화 한 통화가 고교시절 추억을 상기시켜 주었다.

중학교와 같이 쓰던 교정, 당시에도 전통이 깊었던 모교, 그 곳에서 나는 나의 십대의 끝을 보냈다.

나는 문학을 좋아했다. 특히 문학에 소질이 있는 학우들이 많았던 영광고 문예반은 딱히 문예반이라기보다는 동인이었고 둘도 없는 또래집단이었다. 당시 문우들과 어울리면서 가장 기억에 남는 일은 '문우회' 사건과 최초 고교생 동인지 발간 그리고 졸업 시화전이다.

문우회는 고교 1학년 늦가을 '영광 문학의 밤 '을 계기로 인근 고등학교 문우들과 교유하기 시작하여 친구 이영직이 회장을 맡은 200여명의 고교생 문학동호회였다. 요즘은 작은 군단위에서 이렇게 많은 학생문학회가 없을 것이다. 그만큼 청소년의 낭만과 여유가 사라진 시대이다. 안타깝게도 당시는 집회의 자유가 제한되었던 유신시대인지라 얼마가지 않아 이 맘모스 조직은 학교 학생과를 분주하게 만들었고 경찰서를 바쁘게 만들고 말았다. 경찰서 조사를 받고 와해되고 말았다. 그래도 몇몇은 함께 만남을 지속하여 "하늘 하나 구름 하나"라는 종합 문예 동인지를 내기도 했다. 지금은 없어진 자리이지만 일미당 제과점에서의 시화전은 꿈과 낭만의 고갱이였다. 그 때 전시했던 액자는 경찰서장, 교육장, 그리고 선생님께 경비 조달로 팔았으니 지금 생각해보면 참으로 철없기도 하지만 대담하기도 했다.

요새 같으면 지역 기관장이나 유지 분들이 고교생 시화전 참관이나 허술하기 짝이 없는 작품 판넬을 격려로 사주는 일은 극히 드물 것이다. 젊은이의 진실한 꿈을 격려하고자 했던 배려에서 가능한 일이었으리라.

또, 시화전에는 대개 선생님들이 오셔서 격려해주시고 꿈을 다독거려 주셨다. 당시 시화전에 내놓았던 작품 중에 나의 '순이야, 샛별이 새벽에 빛난다 하여'는 권석창 시인선생님이 한참이나 액자 앞에서 감상하시고는 "허, 훔치고 싶은 구절이 있네" 하던 기억이 생생하다. 특히 '어디 다함없는 메아리로 부르랴'로 시작되는 권화빈의 '너의 이름'이라는 시는 여학생에게 인기가 많아 은근히 부러움을 사기도 하였다.

순이야, 샛별이 새벽에 빛난다 하여
새벽 별이 아니야
저무는 밤 못내 거둔 초롱이었어.
불새 전설을 닮은 저녁노을이
순이야, 여린 달빛은 두고 간다 하여
오는 밤 손짓이 아니야
지는 해 남긴 신표였어.
남창으로 턱을 괸 외로움이
가슴속에 아리다 하여
순이야, 봄 타는 외로움이 아니야
묻어도 다시 싹이 돋는 그리움이었어.
그러나, 순이야

외로워 그립다하여
사랑이 아니었어.
날마다 꿈꾸는 아픔
열아홉의 계절이었어.
순이야.

— 이만식, '순이야, 샛별이 새벽에 빛난다 하여' —

그렇게 우리의 학창시절은 분주하게 흐르고 있었다. 그리고 거기에는 늘 꿈이 있었다. 무엇 하나라도 진지한 태도가 있었다.

3학년에 진급하면서 담임선생님의 권유로 나는 학도호국단 연대장(지금은 학생회장)을 맡기도 했다. 당시 선후배 관계가 엄격했던 시절에 학도호국단 간부는 공포의 대상이자 경외의 대상이었다. 일주일에 한 번 있는 사열 시간, 아침 교문에서의 복장검사, 십 여 미터 앞에서라도 크게 경례를 해야 했던 교내나 시내 생활..... 군사문화의 일부분이 교정에서도 보편화되어 있었던 것이다. 이렇게 지나치게 통제된 엄격성이 존재하는 것도 바람직한 일이 아니지만, 요즘 들어 가끔 선 · 후배의 질서가 무디어 지는 것도 반성해 봐야 할 일이다. 평등과 무절제는 반드시 구분되어야 하기 때문이다. 선배라 해서 후배의 인격을 존중하지 아니하는 태도를 취했는지를 살펴봐야 하고, 후배는 선배에게 예를 다했는지를 둘러보는 것은 돈독한 인간관계의 한 덕목임에 틀림이 없다.

'영광학보' 창간호를 내던 계절은 추운 겨울이었다. 대학 입학고사를 눈앞에 두고 철(?)없게도 뭐 그리 열심이었던지, 변변치 못한 복도 귀퉁이 실, 몸 데우기도 힘들어 보였던 난로 가에서 원고를 다듬었다. 엊그제 같다. 마지막 교정을 보고 주간 선생님께 원고더미를 드리자 몇 년 묵은 과제를 푼 듯 흐뭇해하시던 모습이 선하다. 사실 선생님께서 거의 편집을 다하신 것이지만. 그러나 그러한 경험이 내게는 그 무엇의 대가로도 살 수 없었던 인생의 보고였다. 향긋한 추억 거리로만 존재한 것이 아니라 그 후 대학 생활과 나의 문학 공부 열정에 크나큰 바탕이 되어 주었다. 아마도 이 경험이 대학 시절에도 편집장을 하게 했는지 모른다. 그리고 그 곳에는 원고와 창작이 늘 있었다.

사실 추석 귀향길에 학교에 더러 들러본다. 연휴라 교문이 닫혀 있어서 차안에서만 물끄러미 보고는 돌아가는 경우가 더 많지만. 옛 교정은 아니지만 점심시간이 떠오르고 토요일 유리창에 매달린 대청소와 교련 실기, 체력검사 날 긴장감과 아침자습 교실 모습이 떠오르고 왁자지껄한 쉬는 시간 그리고 선생님들의 면면을 느끼기에 족한 모교의 정겨움은 그대로 있었다.

그래, 나에게 모교는 고향의 중심이었다.*

새벽보다 먼저 깨어난 소백산 이마에
무리 무리를 지어
내려서는 철쭉
목회 가던 길 담 너머 몰래 이름 부르고는
고개 숙이던 꽃빛깔이
그대로네.
졸음에 겨운 오후 수업 눈꺼풀 사이
흰구름 따라 밀려오던 과수원 푸른 냄새, 그 터에
아파트 사각 진 그늘이 무거워도
낙동강 질긴 물결에 발목을 담그고
지긋이 눈감은 능선

그대로네.
가고 오는 세월에 다져진 죽령 길
더러 손끝에 묻어온 소음을 털고
능선마냥 눈감으면
그리운 둔덕 그리운 사람
신작로 끝으로 철로변 터널 끝으로
토요일 오후 아슴한 햇살처럼
그대로네
벽을 사이에 두고
서로 다른 시간의 결을 흐르다가
이름도 성도 잊은 얼굴로 만나
오늘은, 아침마다 황금빛 견고하던
교실 유리창을 닦아보네
너는 이쪽, 나는 저쪽
마주 와
옛 가슴 그대로
명료한 눈빛 그대로

— 이하(李夏), '母校에 와서' —

③ 그래 그렇게만 하면 되네

사반세기가 지났다.

그러고 보면 적지 않은 세월인데 선생님을 뵈면 그대로다. 나직하게 입술을 열 듯 말 듯하게 말하시는 모습이 그렇고 겸연쩍은 미소가 그렇다. 무엇보다 안동 간고등어 만큼이나 알맞게 절은 제자 사랑은 예나 지금이나 변함이 없으시다.

나의 대학 시절은 그리 모범적이지는 못했던 것 같다. 그렇다고 거칠거나 골수 박힌 시국 사범도 아닌 그저 속이 좀 편치 못할 정도로 학생 활동이나 대리 출석을 의뢰하는 오지랖 넓은 사이비 청년이었다. 야학도 세우고 동아리 연합도 꾸리고 문학 써클 대장 노릇도 하면서 말이다. 그 시기에 그저 학내 농성에 조금 발 디딘 죗값으로 장학금 제외 대상자로 분류되어 있었다. 매학기 수혜 중단으로 인한 학비 마련이 난제였다. 그러함에도 비싼 등록금을 대출로 때우고, 철없이 학업은 도외시하기 일쑤였다. 더욱이 문학, 딱히 시 좀 쓰네 하고 언어학 시간에는 도대체 흥미나 성의를 보이지 않았다.

나의 대학 생활은 순탄치 않았다. 어지러운 시국도 시국이려니와 대학의 교육 여건은 일방적인 대학 측의 결정에 따라야 하였고 학생 복지는 늘 뒷전이었다. 요새 같으면 거의 대부분의 대학이 부실 대학으로 유명세 꽤나 치렀을 법하다.

동아리연합회(당시는 조직이 허가제였고 승인되지 않아 CCM이라는 명칭으로 비공식(?)적인 활동을 함)회장과 야학을 설립하여 학생교장을 하면서 더욱 나의 대학생활은 밖으로만 나돌았다. 더러 학내민주화에 참여하여 열정을 쏟았던 나로서는 대학에 우호적이지는 않았다. 더욱 몇몇 데모를 주도했으니 말이다.

그러던 중 두 분의 선생님을 뵌 것은 천만 다행이다. 교외로 떠돌던 나를 다시 문학의 길로 이끌어 주셨기 때문이다. 신춘호 교수님과 조세용 교수님이 그 분이다. 두 분의 선생님은 처음에 요주의 지도 대상 정도로 여겼고 등교나 인사가 부실했던 나로서는 그저 한 분의 교과교수님이었을 뿐이었다.

이것이 조세용 선생님 성정에 좀 거슬렸나 보다. 어느 날 학년 동기생들이 모인 모임에서 처음 뵙고 정중히 인사 드렸더니 "자넨, 시 좀 쓴다고? 그렇다고 그러면 쓰나." 낮으면서도 단호한 어조, 조소적인 답례 말씀을 하셨다. 결석꾼에 대한 질책이셨다. 그리고 이미 나를 잘 알고 계셨고 허튼 나의 일거를 짧게 나무라시는 거였다. 아이쿠 싶었다. 물론 그 뒤 정체가 확연해졌으니 대리 출석도 못하는 신세였고 선생님의 국어학 관련 교과를 소홀하게 여기지도 못했음은 당연지사다.

그 후 교편생활에서 고전어문을 가르칠 때 학생들이 어려워했던 중세 문법 분야에 거의 만점을 이끌어 냈던 나의 교수법이나 지식의 근원은 사실 그 때 선생님의 주의 이후에 정신 차린 결과였다.

종강 파티가 있었던 82년 초겨울 어느 날, 우리 모두는 취했다. 학생들은 물론이거니와 구수한 입담으로 설화문학을 가르쳐주시던 박용식 교수님이나, 나의 문학 습작에 깊은 애정을 주셨던 신춘호 교수님 모두 취했던 밤이었다. 술자리라면 대리출석도 조기 이탈도 없는 나로서는 취한 동기생이나 교수님의 안전 귀가 수발을 들었다.

그 날은 처음이자 마지막이었지만 조세용 선생님을 택시로 모시고 하숙집까지 배웅하게 되었다. 혼자 가시겠노라고 하는 분을 굳이 모시고 택시에 올랐더니 "자네가 수고 하네" 하시며 손을 잡아주셨는데 그 때 처음으로 참으로 잔정이 많으시다는 생각이 들었다.택시가 시내를 들어설 때쯤 뒷좌석에 비스듬히 앉아 계시던 선생님께서 내 어깨를 툭툭 치시며 바로 앉으시더니,

"자네 말이야. 됐어. 이번 시험 본 것 채점을 해보니 나무랄 데 없이 잘 썼더군. 제대로 공부한 모습이 확연해. 문학 안 해본 사람 어디 있어? 다하지. 언어학을 소홀히 하면 안돼. 그게 다 문학에 필요한 거야. 편식하지 말고 다 해. 이번에 공부한 것처럼 그렇게만 해. 나중에 사회에 나

가서도 마찬가지 그렇게만 해 그러면 되네."

하시고는 다시 어깨를 툭툭 두드리신다. 관심의 정도를 넘어 벌써 채점까지 마치시고는 격려까지 잊지 않으셨으니 그 밤은 기쁘기 한량없었다.

신춘호 교수님은, 농성 주도 사건으로 운 좋게 선정된 장학생마저도 박탈되었을 때,

"젊은이가 그런 기개도 있어야지. 걱정 말게. 내가 위원회에 책임지고 징계 해제를 요구 하겠네. 처음 만났을 때 요즘 젊은이답지 않게 큰절로 인사하고, 꿇어앉아서 술을 권하는 모습을 보고 근원은 있구나 생각했었네."

징계 경감을 받았으나 장학금은 회복되지 않았다. 나를 부르시어 밤지새도록 위로차 술을 사주신 적이 있다. 선생님께서는 만취 상태에서도 차도까지 배웅하겠다며 나서서, 차 한 잔 더 하고 가라 권유하며 동네 찻집에 들렀다. 물론 둘 다 인사불성이었다. 찻집에서 선생님은 호기좋게 맥주를 한 박스 주문하고는 오늘 이 집은 찻집이 아니라 곡찻집이라고 외치는 게 아닌가? 안면이 있는 여주인은 달래보려고 주문대로 응했고 선생님은 손님께 양해를 구한다면서 일일이 술을 권하여 정말 그날은 곡찻집이 되고 말았다.

두 분 선생님은 참으로 제자들에게는 격의가 없으신 분이다. 첨 뵈었을 때는 매사가 꼼꼼하셔서 까다로울 거라는 인상을 받지만 날이 갈수록 안으로 감춘 잔정이 드러나는 분이었다. 소탈한 일면을 나중에야 알았고 그제야 충고를 잊지 않으려 노력했다.

아직도 국문과 후배들이 그 전통을 이어가고 있는 국어국문학 학술답사는 사제지간의 정을 다지고 스승의 학문적 성해(聲咳)를 가까이 감득할 수 있는 좋은 기회가 되었다. 강변 야유회나 딸기밭에서의 기억도 흔히 얻지 못할 추억이었다.

나는 늘 스승의 날에는 그간에 찾아뵙지 못한 불손한 제자의 예로 카드를 보낸다. “올해는 시간을 내어 뵙겠습니다.”하고는 이룬 것이 없다. 그래서 자꾸 사은에 대한 빚보증서만 늘어난다. 이제 정년퇴임을 다하신 지금, 추억담 하나를 쓰고 보니 또 빚보증서 하나가 늘어난 셈이다.

내리 사랑이라 했던가? 어찌 그 은혜의 깊이를 반이라도 알겠는가. 그저 선생님의 잔잔한 미소만 이제 읽을 줄 알뿐이고 내가 그런 스승이 되고자 노력할 뿐이다.

반나절 내리는 빗속에, 아이들은
젖은 음성으로 책을 읽고
아카시아 숲 속 날개 젖은 까치 울음이
창가에 와 흔들린다.
빗물 줄기마다 지나온 세월의
덧없이 아픈 지문을 지우다가
교단 가까이 내린 낮은 구름 틈으로
아이들의 눈빛을 본다.
일장 일과 첫줄에서 다시 눈뜨는
낡은 말과 손짓
오늘은 빗소리에
윤기나는 말을 잊었다.
거르지 못할 양식과
알맞은 커피 향을 위하여
닳고 닳은 칠판 곳곳에
돌아오지 않는 말들이
빗물에 선연하여 마주 볼 수 없다.

우리네가 그려 놓은
모눈종이 도표선 위에, 아이들은
푸른 신호등을 기다리고
둥글기를 거부하여 각이 진 교탁에
눅눅한 분필 가루가
회초리로 따갑다.

— 이하(李夏), '교단 수첩' —

2

설악의 둘레

신8경을 발견하는 재미

꽤 풍경을 즐기는 편이다. 이제 속초에 이주하여 산 지도 5년이 넘고 보니, 이 고장 이곳저곳을 경이롭게 바라보며 답사하던 초보 풍류를 조금 벗어나 이제는 제법 홍취를 지닌 채 풍광을 즐길 수 있게 되었다.

그러다보니 으레 어디어디 8경이라고 지정된 곳은 필시 들르게 된다. 그리고 숱한 여행객이나 고장 사람들, 아니 선인들부터 즐겨 왔을 자연의 감미로움을 한껏 느껴보려 한다. 산천의 유려한 선의 흐름, 능선과 능선의 장단, 먼 산과 가까운 산의 채도, 그리고 마을과 집들이 놓이고도 한 켠 비워 둔 산야의 여백, 바람과 새소리와 물소리가 빚어내는 향연.....등 나름대로의 감상법으로 오래 음미하곤 한다. 특히 정자나 고가가 놓인 동구 밖에서 뒷산의 능선과 옛집들의 지붕이 마치 강강수월래 같은 두 갈래 매듭으로 물결치듯 짝을 이루고 있을 때는 더 없는 황홀경에 빠지고 만다. 자연과 인공물의 그윽한 조화, 물아일체의 순간이 달리 없을 듯 넋 나간 사람이 되고 만다. 나의 졸시 중에,

나를 움직여
너의 모습이 되는 거야
가까이 껴안고 살다보면
없다가도 있는 거

있다가도 없는 거
열지 않고 푸는 건 우리네
역사인 거지
네가 나에게로 오기 보담
너에게로 하나된
혼인 거야.

— '보자기' 중에서 —

라는 표현도 이러한 순간에서 시상을 얻은 것이라 하겠다. 그리고 다음 시로서 인간 세태와 대비되는 자연의 너그러움과 순리를 노래하기도 했다.

비킬 뿐
산은 산을 가리지 않는다.
낮은 데로 낮추어
소리도 묻어나지 않게
앞은 앉고 뒤는 서고
크면 큰 대로 빛깔을 던다.

— '산은 산을 가리지 않는다' 중에서 —

때로 우리는 피곤한 일상 한가운데에서 자기 나름대로의 관찰법을 가지고 사물을 바라볼 필요가 있다. 그 것에서 그 어떤 것보다 값진 교훈을 얻을 수도 있을 것이요, 위안과 평화를 간직할 수 있을 것이다. 자기만의 미학적 즐거움 또한 크다.

그렇다고 나와 같이 자연의 풍광에만 꼭 기준을 둘 필요는 없을 듯하다. 언젠가 서울에서 열린 모 세미나 휴식 중 복도에 나와 거리를 바라본 적이 있다. 창 너머 펼쳐진 풍경이란 빈틈없는 이음새로 모자이크된 빌딩과 도로였다. 딱히 자연의 흔적이란 창 위 한켠에 겨우 자리한 한 뼘 하늘과 사라질 듯한 야산, 그리고 차와 함께 달리고 있는 가로수였다. 그러나 말 그대로 멍하니 바라보고 있노라니, 도시도 자연의 한 형태로 호흡하고 있음을 느낄 수 있었다. 부분 부분 살펴보는 재미 또한 반구상화를 보는 듯하기도 하고 양 손 검지와 엄지로 만든 손가락틀에 넣고 보니 사진 예술이 따로 없었다. 세미나는 그것으로 끝났다.

근래 필자는 또 하나의 재미를 갖고 산다. 다름 아닌 신 속초 8경 아니 우리나라 천연의 아름다움을 간직한 강원 영동 북부 지역의 신8경을 발견하는 재미이다.

몇 가지만 예를 들면, 삼사월 개나리, 벚꽃 등이 갓 피고 있는 영랑호에서 바라보는 울산 바위의 때늦은 춘설이 그 하나요, 초행길에는 별빛인가 가로등인가 착각하기도 한 초여름 밤 미시령 고개를 내려오며 바라보는 집어등의 불빛 행렬도 그 중 하나다.

또 서풍이 몰아칠 때 수 천 마리의 갈매기 떼가 앉은 듯한 동해 먼 바다의 잘고 흰 파도와 소나무와 한패 되어 바다를 오히려 삼킬 듯한 송지호의 검푸른 파고 역시 이 고장이 아니면 보지 못할 장관이다. 이러한 날씨면 영금정에 서 보시라. 육지 서풍에 밀린 파도의 저항이 빚어내는 물보라와 이와 함께 달려가는 바다 무지개를. 청간정 처마에 걸린 그믐달, 화진포의 쾌활(快闊)함, 낙산 파도 소리에 흔들리는 초파일 연등길, 아야진의 새해 새벽 인심으로 피우는 장작불, 물치항 생동감...... 그 모두 참으로 아름다운 풍광들이다.

발가벗고

두 손으로 고추만 가린 채
바다로 첨벙첨벙 뛰어들어도
흉이 되지 않던 그 때
물치리 앞 바다는
아이들의 놀이터이자,
넉넉한 먹거리 터였다.
머리통만한 돌들이 바다 속
옹기종기 모여 앉아
지눙아리를 기르고
놀래미를 늘 넉넉하게 품고 있었다.
물놀이에 지치면
비야(다리)에 해종일 갈아 만든
노란 기저귀줄 작살하나로
놀래미도 찔러내고
지눙아리 한웅큼 우적우적 씹어대며
긴 여름을 삭여냈다.
이제 긴 방파제 만들고
눈 먼 돈벌겠다고 횟집타운 들어서더니
일년도 안돼
온통 모래밭으로 변해
바람 궂은 날이면
막힌 핏줄 뚫으려고
시퍼렇게날선 파도만 멍들고 있었다.

– 김종헌, '물치리 앞 바다' –

어찌 구문에 의뢰하여 팔경에만 머물 것인가. 어쩌면 진정한 관광 자원은 관광지도에 없는 것이 아닐까?

더도 덜도 말고 한 계절에 일경씩만 보태려 한다. 이 또한 다가오는 세월을 반길 이유 중 하나이며 이 고장에서 사는 행운이요 살아가는 재미임에 틀림이 없기 때문이다.

설악 일출 팔경에 부쳐

아침 해돋이를 아파트 베란다에서 맞이하고 있는 행복이란 나에게 더없는 자랑거리다. 어느덧 수면 위에 훌쩍 솟아 있는 해를 늦잠 탓에 눈 가늘게 뜨고 바라보거나, 새벽녘 부지런 떨며 아침 운동 길에 나서기 전에 그윽한 눈길로 바라보는, 진홍 정수리를 밀어 올리는 해를 바라보고 있노라면 공중에 떠있는 콘크리트 바닥에 발을 딛고 있음을 잊어버린다.

그러나 아파트 창가에서의 해맞이가 일상이 되고 보면, 중천에 떠 있는 해를 보는 것과 같이 특별한 감흥을 느끼지 못할 때가 더 많다. 그러하니 해돋이를 해변 모래펄이나, 이슬 채는 초원 둔덕에서 바라보는 맛을 갖고자 나설 때가 종종 있게 마련이다.

2000년에 KBS속초방송국이 기획 사업의 하나로 '설악 일출 팔경' 을 선정한 바 있는데, 그 아름다움을 기리는 일에 나도 동참한 적이 있었다. 정동진에 밀려버린 설악권의 일출 풍광을 널리 알리고, 태고의 여명을 아직 간직하고 있는 설악권의 일출을 지역 문인들은 시로써 찬양하고, 사진작가들은 인화지에 담았다. 역마살이 있는 필자로서는 더더욱 귀한 일출을 여러 곳에서 대할 수 있는 기회가 되어 반가웠고 그 감동은 아직도 발길을 재촉하게 한다.

태양은 우주의 지고한 힘의 상징이요 지상에 대한 광명과 왕성한 소생을 의미한다고 하였던가?

일찍이 아프리카에서는 해를 생산의 근원으로 보고 여성적인 힘을 달이 아닌 태양에서 찾았다고 한다. 아메리카 원주민 인디언들도 우주의 위대한 혼으로서 만물 창조의 연원으로 인식해 왔던 모양이다. 성경에서, 태양은 빛과 사랑의 상징물이기도 하다. 우리나라 음양 원리로 보면, 단순히 이분법으로 구분하여 우주만물의 양성적 영역을 대표하는 것이 아니어서 사색하는 즐거움이 있다. 해는 양의 대표적 만물이지만 어디까지나 음성과 조화를 이루는 존재로 보았다. 만물의 각각에는 또 서로의 성질(陽中之陰)이 존재한다 했으니, 떠오르는 태양을 보면 알 것만 같다. 어둠에서 빛이 탄생하고, 빛은 어둠을 잉태시킨다는 진리를 하루해가 일러준다. 빛과 어둠은 서로 대립하는 것이 아니라 서로 보완하고 조화를 이룬다는 동양학의 깊은 철리에 감탄이 절로 난다.

설악에 오면 꼭 해돋이를 보기를 권한다. 사색을 통한 형이상학적 의미의 심연에 빠져도 좋고, 그냥 생각이라는 공간을 차단하고 바라보아도 좋다. 또는 탐미적인 감상도 잊지 못할 추억이 될 수 있을 것이다. 어느 곳에든 일출은 아름다운 풍경이 아니겠는가마는 그래도 좀더 자연적인 미감을 보태는 데는 설악 일출 팔경만한 곳도 드물다. 홍취 절로 돋는 경험일 것이다.

1. 통일전망대(고성)
2. 화진포(고성)
3. 청간정(고성)
4. 영금정(속초)

5. 설악해맞이공원(속초)

6. 의상대(양양)

7. 대청봉(양양)

8. 하조대(양양)

일출 묘사라면 고교시절 배운, 19세기초 연암김씨의 〈의유당 관북 유람 일기(意幽堂關北遊覽日記)〉를 필자는 으뜸으로 여긴다. 그 섬세하고 미학적인 기록을 음미하고 해돋이를 본다면 일출의 즐거움은 한층 더할 것이다. 이 수필을 시편으로 개작하여 소개하면 다음과 같다.

물밑을 보라.
붉은 구름을 헤치고, 커다란 실오리
붉기 더욱 기이한 여명의 바다
진홍 기운 차차 나 손바닥 넓이만큼
그믐밤 숯불 빛으로 수평선이 다 타더니
회오리 밤톨만한 호박(琥珀) 구슬 되니
맑고 통랑(通郎)하여라.

붉은 기운 훌훌 날다
백지 반장만큼 반듯이 누운 뒤
회오리밤 같던 기운, 아침해 되어 오르네.
불긋불긋 번듯번듯 큰 쟁반 뛰놀며
온 바다 붉었다가 조금조금 가시다가
해 흔들며 뛰놀기 더욱 잦고
항 같고 독 같은 것 좌로 우로 뛰노네.

황홀히 번득여 양목이 어즐하고
붉은 기운이 맑게 맑게 번지더니
천중에 쟁반 같은 것
수레바퀴 되어 치밀어 오르네. 거기
일제히 모여드는 붉은 물결
소 혀처럼 드리워 풍덩 물 속으로 빠지는 듯 싶네.

차차 해의 빛깔 조용하고
붉은 물결 하늘길 따라 떠나면
오, 햇빛 어느덧 푸른
만고천하 장관이여

통일전망대, 늘 하나였고 하나 뿐인 동해

더 갈 곳이 없다.

DMZ과 남방한계선이 만나는 동해안 최북단 해발지표 70m 전방고지 통일전망대. 민족의 영산인 금강산 구선봉과 해금강을 지척에서 볼 수 있는 곳이다. 금강산관광이 시작되기 이전에는 손차양이나 동전 몇 개로 눈꺼풀을 여는 망원경으로만 아련히 금강산을 바라보았을 뿐이다.

남북통일의 염원과 망향의 상징하는 이곳의 일출은 특별하다. 남북한의 긴장감은 해변 철책에서 더욱 팽팽하고도 단단하다. 그러나 어둠이 채 가시지 않은 육지에서 눈을 떼고 동북에서 동남으로 시선을 옮기면 수직으로 단절된 절망감이 어느덧 수평의 자유로움으로 쾌활해진다. 저 멀리 수평선 틈새를 비집고 밀려오는 여명의 하늘.

가진, 거진, 대진에 갔다가
아야진, 천진에 돌아오면서 문득
고성 땅 사람들이
철원에 가면 어떨까 궁금하였다. 아마도
지도책을 몇 번이나 뒤져보아도
철원, 신철원, 구철원
분간하지 못하는 나처럼

길눈 어두운 자신을 탓하거나,
여기도 저기도
다 철원이라 하는 토박이들을
자기네 지명도 모르는 무지한 이로
타박하지 않을 게다.
가진 거진 대진으로 가도
양미간 주름 잡고
손차양한 통일전망대가 있고
철원 신철원 구철원에 가도
망부석을 닮은 통일전망대가 있다.
파도 소리로 눈뜨는
전망대 유리창이나
바람 소리로 귀를 여는
참호 보초 구멍 주변에는
가슴 쓸어내리며 닳은 지문들이
반세기 세월에 암각화 되어 있다.
가진 거진 대진 사람들이 사는
고성에는 고성이 없고
철원 신철원 구철원 사람들이 사는
철원에는 철원이 없다.
그래도 그들은
지도가 없어
가야할 길을 잃어버린 적이 없다.

— 이하(李夏), '고성(高城)에는 고성이 없다' —

고난과 역경을 헤치듯 유유히 일어서는 황금빛 태양, 오직 둥근 해를 바라보다가 보면 갖은 시름도 갈등도 사그라진다. 크고 하나 된 세상에 내가 서있고 우리가 있을 뿐이다. 왜 우리를 '한민족'이라 일컫는지 알 것 같다. 수만 년 전 대륙의 중앙에서 보면 이 세상에서 가장 위대한 땅이 해동 땅이었을 것이다. 태양이 존재하는 곳, 신이 머무르는 동쪽을 향해 우리 조상은 끊임없이 이동했으리라. 그리고 더 이상 이를 곳이 없는 이 바닷가에서 저렇게 떠오르는 해를 향해 신과 가장 가까이 있음에 환호하고 경배하였으리라.

해금강(海金剛) 말무리(末茂里) 반도 끝으로 해만물상, 부처바위, 백바위 가까이 햇살이 닿을 즘 첩첩이 닫힌 산등성이도 서로 비끼어 앉아 해를 맞는다. 낙타등처럼 생긴 바위산 구선봉(九仙峰)의 자태는 천의무봉(天衣無縫)이건만 철책의 허리띠가 아프기만 하다. 구선봉(九仙峰) 아래 감호는 '선녀와 나무꾼' 이야기로 유명한 곳이다. 우리나라 팔도에 선녀와 나무꾼 설화가 아니 배인 곳이 없지만 아무래도 금강산이야 말로 하늘에서는 선녀가 찾고 땅에서는 신선도 찾는 곳이 아니겠는가. 그러하니 신라 화랑들이 이 곳을 찾아 돌아가는 길에 삼일포, 선유담, 영랑호 등지에 그 자취를 남기고 있음은 당연하다. 분명 저 해변으로 말을 몰아 드나들었으리라.

남쪽 아득히 어선 몇 척이 지나간다. 동란 이전에는 남바리 북바리(남과 북을 드나들며 고기잡이를 함)하였을 목선이 제법 푸르게 제몸을 드러내는 파도를 가르며 하루의 노동을 시작한 모양이다.

고성군 현내면 명호리. 북위 38도 35분. 실향의 아픔을 달래고 민족통일을 염원하는 성모상과 미륵불상의 어깨 위로, 내일은 더욱 화사할

아침햇살이 어느덧 눈부시다. 늘 하나였고 하나 뿐인 태양이 동해를 떠나 뭍에 오르고 있었다.

수평의 자유, 초록숲바다 화진포

순금의 빛살이 날아옵니다.
울창한 송림 사이로
고니 떼의 춤 사이 사이로
수천 년 전 거대한 바위를 끌고 와
고인돌을 세운 이들의 이마 위에도.
머뭇거리지 않고 어떻게, 어딘들
마음놓고 자신의 생을 내려놓을 수 있겠는가
아침 바다를 향해 마음 열고
눈부신 해 손차양으로 바라보며
식솔들 끼니를 찾아다녔을
그 선연한 새벽의 정신,
수북하게 쌓인 조개껍질, 나무열매 더미에
수평선 끝에서 쏘아올린 아침이
날아와 박힙니다.
그 뜨거움으로
물고기 뛰어오르고, 갈대 키가 자라며
마을의 밭고랑엔 수수가 우수수 잠을 깹니다.
민물과 바닷물이 하나된
오래된 호수,

숙성의 시간으로 새 역사가 다시 오르고,
산, 바다, 들의 경계 사라지자
세상이 온통 환해집니다.

– 채재순, '그 선연한 새벽 정신-화진포' 에서 –

이곳에서의 일출은 사랑하는 이와 함께 하고 싶은 곳이다. 두 손을 꼬옥 잡거나 살그머니 포옹한 채 숨소리도 죽여가며 바라보고 싶은 곳이다. 수평선으로부터 옮겨와 맑은 송림과 호수면을 불 지르다가 평화롭게 은홍 물결이 가실 때까지, 초록 숲 바다가 마침내 은빛 세계로 펼쳐질 때까지 말을 잊고 싶은 곳이다.

통일전망대가 지척에 있는 강원도 고성군 현내면 초도리, 동해안 최대의 자연 석호 화진포 호수가 있다. 40리 둘레, 그 둘레로 해당화가 얼마나 만발했으면 화진포(花津浦)일까? 화진포 호수는 동해바다와 잇대어 있다.

화살표를 가리키다 지친 길도
더러는 바다로 가서 몸을 풀어놓는다.
얼레 줄 끊어내고 날아오른 방패연처럼
들숨 다하여 날숨으로 비틀 짚어 내려온
진부령의 끝자락

화진포 해변에 서서
서로의 미간(眉間)을 해독(解讀)하는
호수와 도시사람들

이 세상 단 하나의 해답인 양

해가 솟는다.

벌건 해 하나씩 끌어안고
도시 속으로 사라져 갈 사람들을 위하여
길은 다시 화살표를 돌려세우고
화진포는 바다로 물길을 트고 있다.

— 김향숙, '화진포 일출' 에서 —

파도에 떠밀려온 새털 흰 구름이 수면을 덮고, 넓은 갈대밭 위로 수백 마리의 철새가 갈대 보풀을 날리는 가을이면 화진포 여행은 더욱 제맛이 난다. 송림 사이 바람도 덩달아 푸르고 고니는 이곳을 오기 위해 어디선가 날개 손질을 부지런히 하고 있을 것이다.

화진포와 관련한 두 가지 설화가 고성군지에 소개되어 있다.

옛적에 열산(烈山)이라는 마을이 화진포 건너편에 있었고, 호수 가운데에는 열산현이 있었는데 어느 해 큰 홍수가 일어나 열산현은 물에 잠기어 점차 호수로 변하여 지금의 화진포가 되었다고 한다.

또 한편은 이러하다. 구두쇠로 소문난 '이화진' 이라는 시아버지와 착한 며느리가 살고 있었다. 어느 날 인근에 있는 건봉사 스님이 3년마다 찾아와 시주를 청했다. 처음에는 좁쌀 한 홉, 두 번째는 좁쌀 한 숟가락이라도 했지만 그 해에 찾아왔을 때는 인색하고도 심성이 고약한 이화진 영감은 소똥을 한 삽 퍼서 장삼자락에 안겨주었다. 이 광경을 본 착한 며느리는 대신 사죄할 요량으로 얼른 쌀 몇 되를 퍼서 "감사합니다. 복 받으십시오"하고 떠나는 스님 뒤를 쫓아갔다. 불러도 대답 없는 스님을 따라 화진포의 높은 산기슭이었던 고총서낭에 이르러서야 스님은 "저 아래 살던 집을 보라"하고는 온데간데없이 사라지고 살던 집은 시퍼런 호수로 변해 있었다. 그 후 며느리는 허망하고 애통하여 자결하고 말았는데, 나라에 흉년이 들고 염병이 돌자 이 물바다와 관련 있다는 풍문이 돌았다. 동네 사람들은 며느리 시신을 거두고 서낭을 지어 일년에 한 번 서낭굿을 하니 액이 사라졌다 한다. 대개의 전설이 그러하듯 권선징악의 교훈이 여기에서도 담겨 있으니 화진포 호수와 같이 넉넉하고도 맑은 인심이면 만사가 형통하리라.

봉이 김선달은, 쓰러진 갈대를 안고 언 겨울 호수가 흡사 추수 후의 전답 모습과도 같아서, 못된 서울 부자에게 큰 평야라고 속이고 팔아먹었다고 한다. 대동강 물보다 비싸게 받았을 법하다.

화진포 바다와 호수에 오면 일출과 함께 한 폭의 수채화 아니 수묵화를 감상하듯, 화진포 팔경(八景)(고성군문화원 기층문화 자료 참조)에 잠시 묻혀보자.

월안풍림(月安楓林) 제1경

- 호수에 비친 교교한 달 그림자와 어우러진 가을 단풍.

차동취연(次洞炊煙) 제2경

- 마을 내 평화롭게 오르는 저녁 밥을 짓는 연기.

평사해당(平沙海棠) 제3경

호수 주변 넓은 하얀 모래밭에 핀 붉은 해당화.

장평낙안(長坪落雁) 제4경

- 호수동편(장평)으로 청명한 울음과 함께 오르내리는 기러기 떼.

금구농파(金龜弄波) 제5경

- 화진포바다 금구도(金龜島)에 부딪고 스러지며 노니는 파도

구용치수(龜龍治水) 제6경

- 바다로 빠져나가는 화진포 호숫물과 바닷물이 마주치며 용솟음치는 물길.

풍암귀범(楓岩歸帆) 제7경

- 풍암별장에서 바라다 보이는 돛단배 어선들의 정겨운 귀항.

모화정리(茅花亭里) 제8경

- 김삿갓도 노닌 죽정리 호수 모래밭에 있었다는 '모화정각(茅花亭閣)'의 아름다운 자태.

아름다움, 그 것은 더러 상처를 안고 탄생하는 것인가? 아무래도 그런 것 같지는 않은데, 하물며 자연의 순리가 아닌 인간사에서 상처는 상처일 뿐임에도 화진포는 한스러움이 배인 곳이다. 우리 민족의 어리석음으로 빚은 대립의 상흔이 화진포의 순결한 아름다움에 처연함을 주고 말았다. 그도 그럴 것이 호수와 바다를 각각 바라보고 있는 이승만과 김일성의 별장이 호수와 해변 한 켠, 가까운 지척에서 서로 마주하고 있다. 아픈 이념의 상처를 상징하듯.

호수에서 몇 마장 몸을 돌려 송림에 둘러진 새하얀 백사장, 조개껍데기가 곱게 부서져 이룬 해변에 서면, 거북 모양의 바위섬 '금구도'로 오는 파도가 제 흰 몸을 드러내기 바쁘다. 저리 파도가 분주하여도 섬은 대나무와 몇 그루의 소나무를 안은 채 미동도 않은 채 고요하기만 하다.

자유롭다. 새처럼 바람처럼 하늘과 더불어 자유로운 바다. 그건 수평의 자유, 울타리가 없다. 눈앞에 놓여진 분단의 육지를 달래느라 파도의 손길이 오히려 바쁘다. 우리네의 골목, 빌딩, 아파트 그리고 담과 철조망...... 그 수직의 세계를 안고 있는 육지의 상흔, 그것은 대립과 단절, 너와 나 사이의 벽, 수직의 경계를 세우는 사람들의 서슬로 생긴 것이 아닌가.

화진포 바다와 호수에 서 보자. 진정한 수평의 자유로움, 그 아득한 사랑을 알 듯 하리라.

화진포 바다에 오면
안경을 닦아야 한다
오직 은빛 바다가
쓰러지며
말하는 침묵을
네 서늘한 세상
반쯤 감으며
눈으로 들어야 한다.
해질녘이면 더욱
투명해지는 바다의 내면
소리란 소리는 깊게 잠기고
해면 아래로 가라앉은
돌섬 어깨 위로
가진 것 없이 돌아가고
돌아오는
열린 바다의
뒷모습을 보아야 한다.
감출 것 많은 수직의 도시와
철조망 가시를 잊은 채
발을 적시다 보면 안다.
모래 구르는 소리에 터지는
포말 같은 담장의 허무

울타리가 없어 넘실대는
수평의 자유를
잊혀간 풋사랑처럼
쓸어보아야 한다
화진포 바다에 오면.

— 이하(李夏), '화진포 바다에 오면' 에서 —

청간정, 갖출 것 다 갖춘 우리네 대청마루

청간정에서 해맞이하라.
더도 덜도 아닌 이만한 높이에는
바다와 통하는 문이 있어
붉은 해 가슴으로 받을 수 있으리.

설악 계곡을 비집고 나와
성대, 용암마을 새벽을 깨운
청간 맑은 내에 손씻고
동해 누 일경에서 해맞이하라.

해가 솟구친다.
나는 빈 대궁으로 서고
작은 바람에도 저절로 소리내는
대숲처럼 가볍다.

천진으로 내달은 모래톱은
죽도에서 늘어뜨린 한 줄 악기.
금방 소리낼 듯 긴장을 하고
소나무는 어깨를 쳐들어 솔잎을 세운다.

더러는 벌건 산불이 번지고
모진 바람이 불어오기도 하지만
동해 고기떼와 신평벌 벼를 키우는 일
하루를 멈추랴.

바다의 문을 열고
해만한 가슴을 만나
묵은 때를 씻고 싶은 날
청간정에 올라 해맞이하라.

— 김춘만, '해맞이하라 - 청간정 일출' 에서 —

"청간정이 아름답다고요?"

"애걔, 이 곳이 관동팔경이야?"

두루 보지 못했다면 나무랄 수도 없는 반문이다.

청간이 놓인 해안 산정이나 누각의 규모로 볼 때 오히려 초라하게 느끼는 것이 당연하다. 그도 그럴 것이 삼척의 죽서루나 평해의 월송정처럼 웅장한 누정도 아니요, 북한 고성 땅의 총석정이나 삼일포와 같은 뛰어난 경승지도 아니기 때문이다. 더욱이 울진의 망양정이나 낙산 의상대, 강릉 경포대와 같이 유명세를 지니지도 못했다.

그러나 청간정만큼 갖출 것 다 갖춘 곳은 드물다. 아니 없다. 노정에서 조망할 수 있는 자연의 모든 것들이 청간정에는 있다. 푸른 하늘에 잇닿은 광활한 바다, 가끔씩 파도 사이로 머리를 내미는 암초, 미색의 백사장, 숨죽여 흐르는 냇물, 그리고 그 물길을 따라 오르면 이제는 자연의 한 식구로 받아들일 수밖에 없는 4차선 넘어 펼쳐지는 논과 밭, 그리고 옹기종기한 마을과 야산이 평화롭다. 그 뿐인가, 이를 감싸 안은 기암의 울타리인 울산 바위와 유려한 골격의 신선봉과 황철봉, 설악의 맏이인 대청봉까지 이어지는 백두대간이 아늑하면서도 장대하게 흐른다. 그 능선을 따라 오르고 내리고 하다보면 나도 모르게 냉큼 해안에 내려서 있다. 그리고 몇 척의 어선을 따르다보면, 청간정에 내달아 건너뛰면 닿을 것만 같은 대섬에 머물고 만다. 자연스레 한바퀴 돌아 서 있는 나를깨닫는 순간 아, 참으로 갖출 것 다 갖춘 풍광이구나 탄성이 절로 나온다. 이 점이 청간정만이 갖는 특징이요 매력인 것이다. 기대와 달리 매번 대수롭지 않은 반응을 보여줌에도 내가 맞는 지우나 일행에게 매번 안내해 주는 이유도 대학 연구실과 가까워서가 아니라 진실로 이점에서이다.

청간정에는 청간정만의 갈매기가 산다. 도란도란 그들만의 평화로운 비행이 있다. 어느 해변 명승지보다도 많은 갈매기들이 떼 지어 앉고 날고 하지만 급하지도 요란하지도 않다. 가끔 너럭바위 해변으로 얇게 밀려드는 파도에 몇 걸음 뒤로 뒤뚱하다가 이내 날개와 종아리를 몇 번 움직여 중심을 잡는다. 절벽아래 천후산과 설악산에서 발원한 청간천이 맑고 잔잔한 옥류를 자랑하다가 동해 바다와 만나 서로 손바닥 마주치고 만경창파 되어 넘실거린다. 좌우로 어깨보다 조금 앞선 해안선이 백사장을 안고 무변의 시야로 사라진다. 남서쪽으로 돌아보면 풍요로운 신평리 논밭을 건너 울산바위의 장엄한 자태가 있고 그 뒤로 청봉의 능선이 오히려 아늑하다. 이쯤이면 나는 나의 존재를 잊는다. 물아일체가 다름 아니다.

바다, 하얀 모래, 해암 절리와 너럭바위, 갈매기와 목선 그리고 작지만 호젓한 청간천과 가끔 배를 뒤집는 고기, 들판의 푸른 향연, 청회색 승포 자락으로 제몸 가린 설악산과 금강산의 능선들................이것들을 아주 찬찬히 여유롭게 바라보며 제각기 존재하되 서로 아늑하게 교감하고 있음을 발견하지 못하는 사람에게는 이곳이 관동팔경에 든 이유를 알지 못한다.

솔바람에 날려 흩어지는 동해 일출의 황금빛살, 그 빛깔을 비켜나지 못한 갈매기 날개 짓은 불새의 그것이다. 총석정, 삼일포에 이어 세 번째 북쪽에 위치한 관동팔경 청간정, 나는 이곳에 오면 바다 풍경을 안고 있다는 것이 다르지만 늘 중종가 대청을 연상한다. 해암절벽 위 중층누정으로 아담하게 세워져 있어 화려하지도, 위엄하지도 아니하다. 송주난간에 기대어 편안히 조망하다 보면 모시적삼을 입은 듯 살갗을 어르는 대닢바람 솔바람에 한잠 청하고 싶은 곳이다. 어쩌면 한국적인 해변 풍경을 고스란히 담고 있는지 모른다.

高城(고성)을란 뎌만 두고 三日浦(삼일포)를 ᄎᆞ자가니, 丹書(단서)ᄂᆞᆫ 宛然(완연)ᄒᆞ되 四仙(사선)은 어ᄂᆡ 가니. 예 사흘 머믄 後(후)의 어ᄃᆡ가 ᄯᅩ 머믈고. 仙遊潭(선유담) 永郎湖(영랑호) 거긔나 가 잇ᄂᆞᆫ가. 淸澗亭(청건정) 萬景臺(만경대) 몃 고ᄃᆡ 안돗던고.

송강 정철은 관동별곡에서도 사선(영랑, 술랑, 남랑, 안상이라는 네 명의 화랑)이 노닐 만한 곳이라 했고 수많은 시인묵객이 이곳을 드나든 것은 아마도 호쾌한 경승보다도 이러한 자연 교감의 세계에 도취되어 청간정을 찾았으리라.

청간정은 사실 일출도 장관이거니와 2층 누각 기둥 사이에 그림처럼 들어앉는 월출이야말로 천하 절경이요, 청정명승이다. 대보름 달맞이 축제는 이곳보다 더 나은 것이 없으리라. 부산 해운대가 월야승경이라 하나 월광수면과 광활함이 지나치고, 울진의 월송정은 월국에서 가져다 심었다 하는 월송이라 하는 정자 주변 해송이 숲을 이루고 있어 달빛 어린 바다의 여백이 좁아 아쉽다. 경포대의 월출이 화려하면서도 우수적이라면 청간정의 월출은 담백하고 청초하다. 그래서인데 만약 청간정에 대보름 잔치 한마당이 열리면 천지진동하는 축포 대신 쥐불놀이면 족하고 네온 전등보다는 작은 모닥불이면 족하다.

이러한 청간정은 국도변 주차장에서 대나무 숲과 적송이 늘어선 호젓한 산길을 몇 걸음 움직이지 않아 만난다. 전면 3칸, 측면 2칸의 겹처마 팔작지붕에 민흘림이 있는 8각 석주 사이로 하늘인지 바다인지 청록의 병풍을 두른 모습이 주변을 위압하지도 묻혀 초라하지도 않은 채 덤덤하게 객을 맞는다.

1

잠시 머무른 정자 아래서
물새떼의 울음이 물빛처럼 서러운데
파도는 비단 수십 리 길에다
님의 마음 실어 나르느라
길손의 가슴팍에
물새 발자국만 찍어 놓는다.

어찌 정자 앞 소나무는
비경을 가리고 섰는지
한정없이 내닫는 내 발자국에다
석양이 제 그림자를 채운다.

2

기를 쓰고 손을 뻗쳤으나
파도는 정자에 오르지 못했다
물은 산을 거스를 수 없고

산 또한 물을 내려갈 수 없는 것을
누군가 자연을 스승이라 했던가

멧새도 이 법도를 좇아
해송 가지마다 솔방울로 매달려 있고
바다새는 파도 위에 점점이 떠 있다.

일몰이 제 그림자를 끌고
정자 뒤로 숨으니
절벽 아래 이름 모를 꽃들이
흰 포말로 별을 쏟아내는
청간정 풍경은 이러했다.

– 임정숙, '청간정' 에서 –

2층 누각에 걸린 '청간정' 현판 글씨가 경쾌하다. 조선 현종때 우암 송시열이 재상 재직시 이곳에 들러 친필로 썼다하나 유실되고, 지금은 1953년 고 이승만 대통령이 쓴 현판이 걸려 있다. 1980년 여름에는 최규하 대통령이 방문, '악해상조고루상(嶽海相調古樓上) 과시관동수일경(果是關東秀逸景)' 시판에 게판하여 두 전직 대통령의 휘호를 감상하는 즐거움도 있다.

송강 정철(松江 鄭澈)의 관동별곡에는 청간정을 언급했지만 신증동국여지승람(新增東國輿地勝覽)에는 청간정에 관한 기록은 보이지 않는다. 아마도 역에 딸린 정자로서 청간정을 기록하기보다 청간정 동북쪽 지척에 있었던 만경대(萬景臺)의 만경루(萬景樓)가 이를 대신했을 것이고, 이에 대한 경관을 다음과 같이 서술하고 있다.

“돌로 된 봉우리가 우뚝 일어서고, 층층하여 대(臺) 같은데, 높이가 수십 길이가 되며, 위에 구부러진 늙은 소나무 몇 그루가 있다. 대의 동쪽에 작은 다락을 지었는데, 대 아래는 모두 어지러운 돌이며 뾰족뾰족하게 바닷가에 꽂혔다. 물이 맑아 밑까지 보이고 바람이 불면 놀란 물결이 어지럽게 돌 위를 쳐서 눈인냥 날아 사면으로 흩어지니 참으로 기이한 광경이다.”

– 김상성의 화첩 –

– 정선의 그림 –

김상성이 엮은 관동11경 화첩(서울대학교 도서관 규장각 소장)에는 산정이 아닌 해변에 만경루와 청간정이 나란히 그려져 있다. 겸제 정선의 그림에는 기암절벽 위 청간정과 해변의 누정이 함께 있으며, 또 다른 청간정의 그림에도 해변에 누정이 있는 것을 보면 현재의 청간정 이전에 만경루는 해변 암반에 세워져 있었음을 알 수 있다.

기암절벽의 석봉은 현재 볼 수가 없다. 만약 진경산수라면 바다 속 부서진 바위로 가라앉아 있을지 모르겠다. 또 어찌하랴, 현재 만경루도 없으며, 만경대는 양사언(楊士彦)의 글씨를 새긴 채 곧추 서 있으나 노송은 1996년 고성산불의 영향으로 그나마 수십 그루 고사하였고, 만경대는 군사보호구역으로 보호되어 해변에 내려서지 못하니 매우 아쉽긴 하다. 없어진 풍경 대신 뒤편으로 시원스레 달리는 4차선 7번국도와 철가시가 아픈 군사시설이 자리를 잡았다.

그러함에도 조선의 명필 양사언의 글과 숙종의 어제시에서와 같은 흥을 돋우기에 조금도 부족함이 없는 승경이요 자연음유의 공간이다.

秋日來登萬仞臺(추일래등만인대)
가을날 만인대에 오르니
可憐風景勝蓬萊(가련풍경승봉래)
어여쁜 풍경 봉래보다 낫구나
時時水拍翻成雪(시시수박번성설)
때때로 부딪는 파도 눈송이 되어 날고
興到憑軒却忘廻(흥도빙헌각망회)
흥에 취하여 다락에 기대니 돌아감을 잊었네.

— 숙종, 1675-1720 —

碧海暈紅窺日半(벽해훈홍규일반)
푸른 바다 붉은 햇무리 반쯤 엿보이고
蒼苔磯白點鷗雙(창태기백점구쌍)
푸른 이끼 흰 파도에 쌍쌍의 갈매기 점점이 날고 있네
金銀臺上發孤嘯(금은대상발고소)
금은빛 절벽마루 위에서 외로이 읊조리니
天地浩然開八窓(천지호연개팔창)
넓디넓은 천지가 사방으로 난 창에 열리네.

— 양사언, 1517-1584 —

갯배와 아바이, 기록 없는 역사

이중환의 '택리지'에서 관동팔경으로 손꼽던 청초호, 그 끝자락 아니 초입에는 청호동이 있습니다. 그리고 청호동에는 갯배가 살지요.

언제 가나 함경도
자벌레 제 몸 재며 가듯
온몸으로 기어가는 배를 아는지
그 배 타고 꽃 피는 단천 가는 사람들 아는지
한 오십 년 속초와 신포 사이를 오가는
꿈길을 아는지
가다가 가다가 풍덩
푸른 동해 빠져 죽고 싶은 배를 아는지
혹 역사라는 멍텅구리 배를 아는지

— 이상국, '갯배4' 중에서 —

청호동 사람들의 애환과 소망과 삶의 일부인 이 목선은 노를 젓는 것도 아니요 그렇다고 동력과 조타 장치가 되어 있는 것도 아닙니다. 속초 시내 중앙동과 청호동 동구, 양 나루터 기슭을 쇠줄로 이어, 사람이 갈구리를 쇠줄에 걸어 손으로 직접 끄는 목선입니다. 딱히 누가 사공이라 할 게 없습니다. 타는 이는 응당 배를 끕니다. 노인들 중앙시장 다리 품

얘기며, 저희들끼리 키득거리는 중고생들의 계집애 머슴애 얘기를 시작하는 것도 배를 끌면서이지요. 그러나 한참 신명 날쯤 어귀에 닿고 마는 시골 운동장 폭만큼 거리...... 하기야 내일 또 볼 테니 아쉬울 거도 없는 듯 합니다.

그런 청호동 청초호가 세 번 들썩였습니다. 관광엑스포 폭죽소리로, 금강산 유람선 고동으로, 그리고 가을동화라는 드라마로 그랬지요. 그때마다 청호동 사람들은 신문에도 나고 텔레비전에도 나왔습니다. 그런데 그게 그리 기쁘지는 않았지요. 뭐랄까 이방인 문화 보듯 호들갑을 떨거나, 분단의 아픔만 온통 존재하듯 부풀린 리포터들의 발길은 그렇다 치고, 고즈넉한 낭만의 어촌인양 여긴 드라마는 좀 속이 메스껍기도 했나봅니다.

청호동 사람들의 생활은 예나 지금이 다르지 않습니다. 여느 항구처럼 분주하고 하루 생활이 빠듯합니다. 좀 기대 했던 것은 금강산 물꼬나, 남북 상호 방문 때 평생소원이던 지척의 고향 땅 좀 밟아보는 거였지요. 그런데 그것도 여의치 못했습니다. 방문단에 뽑힌 이 가물에 콩이요, 금강산 구경은 주머니가 궁해 지붕 쳐다보기 식이였지요. 어디 그게 부자 유람이지 평생 그물만 던진 청호동 노인네야 텔레비전으로만 마음 달래면 그만이었습니다. 그래서 더 씁쓸합니다.

그렇다고 청호동 사람들은 볼멘소리 하지 않습니다. 내일쯤 북향하리라고 고향 가까이 배대어 두고 천막에 판자에 의지한 것이 벌써 반세기입니다. 아빠도 아부지도 아닌 아바이로 북바리하기만을 기다려온 세월이 그냥 그렇게 되었지요. 임진각에서의 떠들석한 성탄절 북망의 기도회나 명절 제례의 뉴스를 듣고도 갯배 쇠줄 쥔 손에 그날따라 자기도 모르게 조금 더 힘주어 당길 뿐 마을은 고요합니다. 말없어도 알지요.

나루에서 서로 만나는 이 눈빛 속에 주는 인사가 무엇인지.
청호동 사람들의 가슴은 이제는 앞바다 조도처럼 단단합니다.

너에게 내린 줄을 당기고 싶다는 건
내게로 오려함이었다.

뱃전에 달라붙는 소외된 냉기쯤
더 아플것 없는 청호 바람에 훑어내고
가끔 큰배가 지나칠 때마다
물결 사이로 솟구치는 유혹은 두려움이기도 하지만
네가 왜
먼 바다에까지 외등을 밝히고
밤마다 서성이는지 알아야겠다.
갈고리에 끼운 쇠줄
힘껏 당기어
네 가슴 한 가운데를 끌어내는데
내 먼저 가고 있는 건
내 발 먼저 내달아지는건 무슨 까닭인가

바람 속 너를 끌어안고 싶은 오늘
내 가슴 한 가운데로
굵은 쇠줄 하나 내린다.

— 지영희, '청호동으로 가는 갯배' 에서 —

* 참고 : 청초호(靑草湖)와 청호동

청초호는 쌍성호(雙成湖-영랑호와 청초호가 쌍동이처럼 나란히 있다는 뜻), 용경(龍耕-숫용이 살았다 함), 진성호(眞成湖), 논뫼(論山-논산 앞 호수란 뜻)라고도 했다. 호수넓이 1.3㎢, 둘레가 약 5km나 되는 큰 호수로 그 모양이 술단지 같이 생겼다. 속초시 시내 관광엑스포 공원과 동명항이 모두 이 호수변에 위치하고 있는데 결국 속초시 중심가는 이 호수변에 있다 하겠다.

중앙동과 청호동의 왕래 수단인 갯배는 〈가을동화〉의 은서네 집과 함께 유명해져 이제 관광 명물로 자리 잡았다.

이 호수와 해변 사이의 사구에 있는 부락이 청호동이며, 함경도(咸鏡道)에서 내려온 피난민들이 많이 거주하는 까닭으로, 함경도(咸鏡道) 사투리 '아바이'를 사용하여 일명 "아바이마을"이라고도 한다. 동란 후 이곳 지역이 수복되자 남하한 피난민들이 곧 북쪽 지역도 수복되리라 믿고 임시로 거처한 곳이 큰부락을 이루게 되었다. 이산의 아픔이 생생하게 남아 있는 순박한 서민의 부락이다.

열 개의 다리가 일 열
허공에 매달려 있다
떨어질래야 떨어질 수 없는
인연으로
청호동에 모여 나부끼고 있다

소금기 묻은 바람 불어와
온 몸 탈수가 일어나는 한낮이면
죄어오는 그리움에

눈이 짓무르도록 울어 버리고

“먹물 뿜어내던 그 바다 돌아갈 순 없을까”

목이 아프도록
청호동 하늘의 별을 세며
오징어들은 밤이슬 맞고 있다

북쪽 고향바다 그리워
줄에 매달린 채
떨어질래야 떨어질 수 없는 인연으로
팔에 팔을 걸치고
바다 보다 속 깊은 청호동 사람들이
바람에 펄럭이고 있다.

– 권정남, ‘오징어 덕장이 있는 청호동’ –

시의 정원, 경동대 캠퍼스를 거닐며

앞뒤 호수가 안겨 있고 설악과 동해가 둘러 있는 경동대 교정은 나의 시작(詩作)의 산실입니다. 평소 지닌 시상을 연구실에서 손질하고 담아 둔다는 뜻이 아니라 캠퍼스 자체가 시적 재료를 제공해준다는 것입니다. 어디에서도 얻을 수 없는 천혜를 두고 연구실을 누정에 비기는 동료 교수도 많고 보면, 내게만 넘치는 분은 아닌가 봅니다.

캠퍼스를 거닐다가 이곳에 오면 이번에는 어디에 있을까 꼭 찾아보는 캠퍼스 명물이 하나 있습니다. 대학 입구에 위치한 경동호(봉포호)의 신비로운 갈대섬입니다. 지금이야 교문 옆이지만 개교 한 해 전에는 진입로 공사가 이루어지지 않아 밭둑길을 따라 이 호수에 이를 수 있었습니다. 선덕관 뒷산 망향비석 터에서 보면 아늑한 숲 속 빈터처럼 그 곳 호수는 미동도 않은 채 안겨 있곤 했습니다.

고적한 호수 한 가운데는 농구장만한 갈대섬이 있고 제법 버드나무 몇 그루도 자라고 있습니다. 그런데 이 갈대섬이 사라지고 없어 깜짝 놀란 적이 있습니다. 의아하여 물가에 내려서 한참 찾고서야 반대편 골짜기에 가 있음을 알 수 있었습니다. 버드나무가 아니었다면 아마 눈치 채지 못했을, 이 섬은 떠돌고 있었던 것입니다. 바람의 방향에 따라 정착지가 달랐습니다. 그 뒤로 이 호숫가를 거닐 때면 전에 보아 두었던 갈대섬이 어디쯤 있는 지 찾아보는 재미가 쏠쏠합니다. 건너편에 있다가

교문 쪽으로 와 붙어 있으면 상봉이라도 하듯 적이 반갑기도 합니다. 어느 날 제자들과 호숫가에서 이런 말을 한 적이 있습니다.

"자네 둘이 사귀고 있다는데 서로 진실하게. 오늘 본 저 갈대섬의 위치가 1년 뒤에도 그대로 있다면 자네들 사랑은 필시 아름다운 결실을 맺은 걸세."

지금도 가끔 뒷산 공터에 올라 이 호수를 봅니다. 그 때마다 참 빈터라는 게 숲 속에만 있는 것이 아님을 느낍니다.

그 곳에 들면 늘
고독하다.

네 안의
조그만
빈터.

— 빈터 —

양현원 뒤쪽으로 보이는 설악산 울산 바위와 그 뒤로 천화대, 그리고 이어지는 마등령 능선은 수묵담채화로 그린 심산유곡 풍경 그대로입니다. 맑은 날 대청봉과 중청봉 사이에 돌기처럼 돋은 까슬한 산장의 흔적을 찾는 일도 재미있거니와 꼭 한옥 용마루를 닮은 그 능선을 눌러보는 재미도 여간 아닙니다. 양현원 뒷산 산림로는 산책길로 제격인데 오른쪽으로 들어서면 천진호 옆을 돌고, 왼쪽이면 숭례봉이라 이름 붙여본 여학생 기숙사의 뒷산 산봉으로 오르게 됩니다. 운동장 화단에서 보면 야산 뒤로 늘 듬직하니 서 있는 신선봉을 대하게 됩니다. 감추고 치장함이 없이 당당하여 여간한 세파에는 미동도 않는 군자상을 떠올리게 합니다.

그 중에서 황철봉을 배경으로 선 울산바위는 참으로 신통합니다. 속초 입구인 외옹치 쪽에서 보거나, 동우대학 입구에서나, 시내에서나, 늘 따라와 마주보는 위치에 서 있습니다. 고성 땅인 경동대 뜰에서도 마찬가지이니 그 방향이 경이롭습니다.

속초의 등대는 뒤뜰에 있다.
턱 끝으로 가리킬 만한
솟대 높이쯤에서
속초로 오는 모든 바람과
먼 바다 물결, 등대도 되지만
삼거리 이정표나
터널을 벗어나며 만나는
역사(驛舍) 앞 흰 깃대와 같은
낯익은 표석이다.
동구 앞자락 느티나무가 아니다.
뒤뜰 둔덕 대나무 숲처럼
사철 그 자리에 서있어
잎 피고 그늘지는 둘레가 속초인 줄을
속초에 사는 이나 오가는 이
슬픈 이나 즐거운 이 모두 안다.
말이 없기는 돌하르방이지만
앞서 드러내지 않고
의뭉하기는 장승이듯 하지만
부라리지 않고
먼저 맞이하고 나중 작별하는 석등이다.

속초에는
동에 살거나
고성 양양 남북 어디로 오가든
돌아서거나 외면하지 않고
어느새 따라와 그윽하게 마주 서는
아버지와 같은 등대를 만난다.

— 울산바위 —

또 하나 경동대에 있음으로 해서 아침 해돋이를 맞이하는 행복이란 더없는 자랑거리일 것입니다. 어느덧 수면 위에 훌쩍 솟아 있는 해를 차창 밖으로 가늘게 눈뜨고 바라보거나, 새벽녘 부지런 떨며 와서 대학 앞바다 봉포 해변에서 아침 해의 진홍 정수리를 보고 있노라면 내가 늘 콘크리트 바닥에 발을 딛고 살아가고 있음을 잊어버립니다.

새 천년을 맞이한다고 부산을 떨던 이천 년 첫 해, 대학종합평가를 앞두고 여러 일을 총괄하고 있던 나로서는 창작은 절필 상태였고, 밤샘은 일상이었습니다. 그러나 그 해 대학 캠퍼스에서 맞는 새벽은 그동안 게으름으로 인하여 자주 대하지 못했던 일출 여명이라는 황홀감을 선사했습니다. 연구실에서 바라보는 새벽 바다는 아기 눈 뜨듯이 어느 때는 초롱하고 어느 때는 게슴츠레 하기도 합니다. 실크 자락처럼 열리는 수평선을 바라보며 새벽 5시쯤 퇴근을 하게 되면 용포 둔덕이나 천진 방파제 앞에 차를 세우고 아침 바다를 대하곤 했습니다.

바닷바람은
발정하는 바다의
유혹이다.

덤덤한 육지를 향해
수없이 보내는
연서이다.
때로 밤바람이 거센 후
아침 해변을 보면
알 까러 오는 파도가 분주하다.

– 속초 바다, 봄 –

용포바닷가는 지금은 카페와 요양원이 있지만 호적한 농막 한 채와 초소 그리고 묵밭이 반인 채 누운 무덤덤한 야산일 뿐이었습니다. 그리고 천진은 〈국화꽃 향기("가을동화" 원작)-김하인 작〉에서 묘사한 대로 경동대 진입로를 지나 해변으로 접어드는 조붓한 도로에서 오른 쪽으로 초승달형의 해변이 푸른 바다를 담고 있는 어촌입니다. 나는 이 곳에 들면, 어항 물길을 사이에 두고 마주 선 빨간 등대와 하얀 등대를 보며 흰 백지 편지지와 붉은 우편함이 있는 등대 우체국을 상상하곤 했습니다. 관동팔경의 하나인 청간정을 품안에 안은 해변은 늘 평화롭습니다.

그 때는 이 곳에서 떠오르는 해를 매일 대하다시피 했습니다. 세상의 지고한 힘과 왕성한 소생이 무엇인지 실감했고 떠오르는 태양을 보며 삶의 의미를 알 것도 같았습니다. '어둠에서 빛이 탄생하고, 빛은 어둠을 잉태한다' 라는 음양의 진리, 빛과 어둠은 서로 대립하는 것이 아니라 서로 보완하고 조화를 이룬다는 동양학의 철리에 깊이 빠지기도 했습니다. 사색과 탐미와 그리고 멍한 비움도 함께 한 시간들이었습니다.

커억하니 뱉었으면 좋겠네.

내 안의 뜨거운 핏덩이.
너무 붉게 질주하여 뚝뚝 떨어지는
칸나의 꽃대 속으로
차가운 바람 들숨 쉬듯 부풀리어
커억하니 뱉었으면 좋겠네.
뜨겁게 산다는 것이
뜨겁게 사랑한다는 것이
질주로 응고된 화기임을
삶의 가운데 서서
불현듯 보았네.
내 체온보다 뜨겁게
내 피보다 검붉게 살아간다는 것이
들뜬 해돋이 순간임을
이제 카악하니 뱉어보면 알겠네.
환호로 물든 저 숫한 노폐물
모두 씻고 보면
제 빛깔 그대로임을
헉, 하니 뱉은
다음의 날숨이면 알겠네.

— 일출 —

줄곧 신설 학교에만 몸담아 온 나로서는 늘 소박한 소원이 하나 있었습니다. 5월의 신록이면 그늘도 함께 무성해지는 나무 아래에서 바람의 촉감을 느끼거나, 10월의 제법 찬바람에 몰려다니는 낙엽의 한 떼를 따라 거닐어 보는 것이었습니다. 다행히 설립자 우당 선생께서 묘목보다 성장목을 주로 심어 신설 교정임에도 초여름은 꽤 연륜 있는 그늘을 만들어 놓습니다.

캠퍼스 곳곳에 이제 제법 꽃들도 무성합니다. 특히 다른 대학 캠퍼스에서는 보기 드문 산수유, 홍자단, 낙상홍, 해당화, 칸나와 오월이면 화려한 군무를 이루는 봄날의 철쭉 영산홍을 만나는 기쁨은 여간 아닙니다. 친숙한 진달래, 개나리, 벚나무 등 봄꽃이 피고지는 모습을 보노라면 어느덧 초여름이 되고 맙니다. 캠퍼스 수목과 함께 하면 세월 흐르는 줄 모르겠습니다. 진달래 말이 나오니 제1회 관광경영학부(당시 인문사회학부) 입학생들이 생각납니다. 첫 해 식목일을 기념하여 자발적으로 주변 야산에서 이를 채취하여 심던 애교심과 정성이 떠오릅니다.

무엇보다도 눈에 잘 띄지 않는 꽃나무를 살피는 일은 나만의 설렘을 줍니다. 대학 기숙사 숭례원의 식당 이름이 라일락이지만 라일락을 본 이는 아마 드물 것입니다. 뒤편에 아주 작은 묘목을 심었기 때문입니다.

조금씩 움을 돋우는 라일락 꽃차례에서 흰 종이에 받을 수만 있다면 종일이라고 받고 싶은 은은한 향기는 사월을 그래서 더 설레게 합니다. 이 꽃은 우리나라에서 '수수 모양으로 꽃이 달린 나무' 하여 '수수꽃다리' 라는 예쁜 이름으로 불리어 왔습니다. 프랑스에서 '리라(lilas)' 라고도 하는데 그 이름 자체가 시적이면서 꽃말은 여기에 더 잘 어울린다는 생각이 듭니다. '첫사랑의 정서(붉은 꽃)' , '젊은 날의 초상(보라 꽃)' , '순결 순진(하양 꽃)' , '아름다운 맹세' 인데 대개 순수하고 애잔한 청춘의 사랑을 뜻합니다.

호리병처럼
신비한 생의 그릇

다 비우고 나면,
너처럼 머물다
돌아오는 계절
내게는 없네.

콧잔등에 앉은 하늘
연신 푸른 재채기를 해대는
사월의 오후

안녕, 나의 사랑
사춘기 끝 무렵 가볍게 아픈
결별과 같은 꽃이여

꽃차례에 내린 햇살
하얗게 일더니
오늘은 연록 그늘에 놀던 바람
너의 향기 자근 물어올 뿐이네.

— 라일락에게 —

갈대섬 호수, 울산바위, 일출 바다 그리고 꽃과 수목은 나의 친근한 동무이자 연인입니다. 그러나 여기에 행복을 더할 수 있는 것은 아무래도 사람이 있기 때문이 아닌가 합니다. 싱싱한 젊음이 캠퍼스 곳곳에 있으니 나 또한 중년을 잊습니다. 맑고 활기찬 제자들의 웃음과 목소리가 연구실 유리창에 닿을 때마다 그들의 가벼운 발걸음처럼 홍겨울 때가 많습니다. 경동대생들은 한결 같이 심성이 곱습니다. 더러 신입생 때는 일탈이 있다하더라도 삼사학년이 되고 보면 반듯하고 격이 있습니다. 여러 학교를 다녀보더라도 예의 바르고 성실한 면모는 과히 으뜸이라고 해도 과언이 아닌 것은, 두루 가르치러 다니시는 강사선생님들이나 내교하시는 분들이 한결 같이 하는 방담이니 말입니다. 제자 덕에 선생 칭찬으로도 들려 매우 유쾌할 때가 많습니다.

연구실에서 창밖을 내다봅니다. 죽도 주변의 파도가 작게 눈에 들어오고 삼삼오오 교문으로 향하며 누군가의 이름을 부르며 뛰어가는 학생들의 뒷모습이 경쾌합니다. 아무래도 이 연구실을 정자인양 여겨 차운(借韻)으로 흥취를 돋우어야겠습니다.

碧波留東窓 (벽파류동창)
푸른 파도 동창에 머물고
雪山臥西門 (설산와서문)
눈 내린 설악산 서문에 누우니
不吟猶自醉 (불음유자취)
읊조리지 않으려도 절로 취하여
主霑潤詩韻 (주점윤시운)
주인은 시의 정에 흐뭇하게 젖었네.

– 충효관 1225호, '碧留雪臥齋(벽류설와재)' 에서 –

3

내 마음에 가까운 시

시로써 새로운 존재를 만나는 기쁨

[나의 시를 통한 시론 이야기]

인간의 여러 행위에서 가장 높은 단계의 정신 활동은 예술 행위입니다. 그 중에서도 문학 특히 시는, 고도의 언어활동을 통하여 이루어내는 정신문화의 최고 결정체라 할 것입니다. 시는 나와 인간의 삶, 그리고 자연을 비롯한 나 이외의 모든 세계에 대한 미학적 관찰과 사색이므로 가히 예술의 꽃이요, 가장 아름다운 숨결이라 할 만합니다.

자신의 영혼과 인연을 맺고 있는 모든 것들에게 가장 깊고도 세밀하게 그리고 가장 애정 어린 관심을 가질수록 잘 정제된 시가 탄생합니다. 시 감상 또한 그렇게 다가서면 주변 존재에 대한 새로운 의미를 발견하는 기쁨과 미처 알지 못했던 자신의 다른 내면세계를 발견하는 신선한 경험을 갖게 될 것입니다. 그리고 그것은 오랫동안 미학적 감동으로 남을 것입니다.

"안녕"

여우가 말했다.

"안녕"

어린 왕자가 공손히 대답하고 둘러보았으나 아무 것도 보이지 않았다.

"나, 여기 있어, 사과나무 아래……"

사과나무 아래에서 작은 목소리가 들렸다.

"넌 누구니? 참 예쁜 짐승이구나."

어린 왕자가 물었다.

"나는 여우야."

"이리 와서 나하고 놀자. 난 아주 쓸쓸하단다."

"난 너하고 놀 수 없어. 길이 안 들었으니까."

"그래? 미안해."

조금 생각하다가 어린 왕자가 덧붙였다.

"길들인다는 게 무슨 말이니?"

"길들인다는 말을 모르고 있는 걸 보니 넌 여기 아이가 아니구나. 무얼 찾고 있니?"

"사람들을 찾고 있어. 그런데 길들인다는 게 무슨 말이니?"

"부리기 좋게 한다는 뜻이야. 부리기 좋게 하려면 너는 나와 특별히 친한 관계여야 하지. 오늘 우리가 만난 것은 인연이야. 수많은 사람 중 '너'와 수많은 '여우' 중 '나'를 만난 것은 인연(因緣)이 있었던 거야. 그런데 그 인연도 너와 내가 서로에게 관심이 없다면 소용없지. 관심을 가져주었을 때 좀더 알고 지내는 친한 관계가 맺어지는 거야"

여우가 천천히 설명해주었다.

"친한 관계를 맺는다구?"

"응, 그래. 지금 너는 다른 애들 수만 명과 조금도 다름없는 사내애에 지나지 않아. 나도 아주 많은 여우 중 하나일 뿐이야. 지금 네가 보기엔 나도 다른 수만 마리의 여우와 똑 같잖아? 그리고 너도 그렇다는 거지. 나에게는 네가 필요 없고. 너는 내가 아쉽지도 않아."

여우는 어린 왕자 곁에 다가서면서 계속 말했다.

"그렇지만 네가 나를 길들인다면 우리는 특별한 인연 관계가 되지. 그래서 우리는 서로 필요하고 곁에 없다면 아쉬워질 거야. 그건 내게는 네가 세상에서 하나밖에 없는 존재가 될 것이고. 너에게도 내가 이 세상에서 하나

뿐인 여우가 될 거야."

그리고 곁에 앉으면서 말을 이어갔다.

"이를 테면, 네가 오후 네 시에 온다면 난 세시부터 행복해지겠지. 네 시에는 너를 만난다는 기쁨으로 흥분해서 안절부절못할 거야."

— Antoine-Marie-Roger de Saint-Exupry, 〈The Little Prince〉,

'어린왕자와 여우' 중에서 —

감추어도
감추어지지 않는
미소처럼
온몸으로 번지는
물소리

무슨 인연으로
이 물 앞에
함께 서 있는 걸까

문득
뒤돌아보아도
하얗게 웃고 있는
들국화

너와 나
몇 생을 건너와
이 환한 가을 앞에

함께 섰구나.

— 최월순, '법수치 들국화' —

나와 인연을 맺은 것들은 참으로 소중합니다. 불교에 '겁(劫)' 이라는 말이 있습니다. 겁파(劫波)라고도 합니다.하나의 세계가 성립되어 존속하고 파괴되어 공무(空無)가 되는 하나하나의 시기를 말하는데 도저히 인간의 숫자로서는 그 시간을 측정할 수 없는 시간을 일컫습니다. 잡아함경(雜阿含經)》에서는 그리하여 비유하여 설명하기를 사방과 상하로 1유순(由旬: 약 15 km)이나 되는 철로 된 성(鐵城) 안에 겨자씨를 가득 채우고 100년마다 겨자씨 한 알씩을 집어 전부 다 꺼내어도 겁은 끝나지 않는다 했습니다. 또, 사방이 1유순이나 되는 큰 반석(盤石)을 100년마다 한 번씩 흰 천으로 닦아도 그 돌이 다 닳아도 겁은 끝나지 않는다 하였습니다. 이러한 겁이 억겁이 되어야 하나의 인연을 맺는다 했으니 스치는 그 무엇이 소중하다 아니할 수 없습니다.

'새로운 메시지가
없습니다.'

그가 내리던 5번 버스는
비어 있었다.

시골 장터 하차장
고추장수 고추만 기다리듯
이문 많은 참깨 자루도
삭제되는 메일함이다.

미상(未詳)의 열병이
밤마다 이불이 된 후
수없이 버스 노선은 늘어나
장터는 매일 열렸다.

오늘도, 소리 없이
5번 버스 문은 열리고
매시지 하나 내렸다.

'연결되었습니다.
총 0개의 메시지 중
0개의
새로운 메시지가 있습니다.'

— '넷(NET)시대 짝사랑' —

오늘날 사회를 둘러보면 숨 겨를 틈 없다는 말이 우선 떠오릅니다. 변화 · 경쟁 · 개혁 · 첨단 등 현대를 묘사하는 흔한 낱말의 면면을 보더라도 줄달음쳐 가는 속도성의 이미지들로 가득합니다. 이러한 상황 속에서 그 주체가 되는 인간은 어떠한 삶의 모습을 지니고 있을까요? 현대를 대변하는 과학화, 정보화, 산업화, 시장화, 도시화라는 현상에 오히려 인간 사회는 종속되고, 인간 중심의 문화가 문명화에 예속되는 결과를 초래하고 있지는 않은가요?

그 결과가 현실화 되고 있다면 그만큼 인간은 불안하고 왜소한 존재로 전락하게 마련입니다. 이것은 자연과 인간 정신의 온전한 가치가 물질적 가치로 전부 전환됨으로써 인간의 미래상이 점차 불안정하고 변칙적인 상황으로 치닫게 됨을 의미하기도 합니다. 예측 가능한 미래일수록 정신적 안정화는 견고해지는데 그렇지 못하게 되면 불확정성의 시대, 단절의 시대가 되고 맙니다. 곧 휴머니즘이라는 평온한 인간화는 문명의 난류에 휩쓸려 점차 멀어집니다. 이렇게 인간성 상실의 위기 시대를 맞이하게 되면, 정신과 물질의 일정한 균형, 자아와 세계 양자 간의 등가화(equalization)는 깨어지고 단절과 소외 현상만이 남게 되는 것은 필연적인 귀결입니다.

나를 차단한 붉은 신호등이
꺼지기 셋, 둘, 하나
그리고 구속을 향한
질주만이 남았다. 결코
서로를 침범할 수 없는
평행의 질긴 차선 위에
복제한 마네킹들만
돌아오고 있었다.
어느 겨울밤
상엿집 떡갈나무에 걸렸던
흰 이빨 그믐달이, 조금씩
후미경에 밀려오고
성애처럼 촘촘한
전조등이 새벽안개에
시리도록 붉다.
마늘을 다 소화하지 못한 채
환생한 사람들은, 제각기

푸른 신호등이 켜지기 전
셋, 둘, 하나
너나 나나 가쁜 숨을 멈추고
너보다 나보다 먼저 가야할
이유도 모른 채
구속을 향한 질주를 한다.

— '逆IV' —

에릭 홉스봄(Eric John Hobsbawm)은 현대를 과학 발전과 궤를 같이 하면서 놀라운 상상력과 가공할 파괴력을 지닌 극과 극의 시대, 곧 '극단의 시대'라 진단합니다. 이 저명한 경제사학자는 이전의 세계에서는 상상하기도 어려운 현대 문명의 세계로 인해 인간의 불안과 절망이 증폭된 지난 세기를 성찰해야 할 필요성을 제기한 바 있습니다.

또한 일찍이 에리히 프롬(Erich Fromm)은 현대의 인간은 시장지향형(marketing orientation) 인간으로 변질되어 개성을 상실한 비인간적 상태에 떨어지고 말았다고 하였습니다. 그는 앞날의 위험은 더욱 가속화되어 인간이 로봇으로 되어 버릴지도 모른다고 우려한 바 있습니다. 인간 상황이, 시장처럼 존재가치, 사용가치보다 교환가치를 위하여 외관의 매력화에 주력하고, 개인의 독자성이 결여된 평등의 상태, 즉 획일화 · 규격화 · 표준화로 되어 전인격성(全人格性) 결여와 자아 상실의 상태에 놓이게 됨을 지적한 것입니다.

요컨대 물질문명의 고도화와 시장화 중심 시대가 가속화 되어 인간과 자연, 자아와 세계의 교감과 조화가 깨어지면 인간과 사회는 공허화되고 건강하지 못한 상태에 직면하게 되는 것입니다. 여기서 우리는 개성적 자아를 비인격성의 세계로부터, 자연 정신은 물질적 예속상태로부터 해방시키고, 단절과 소외로부터 자아의 주체화(identification)를 획득해야하는 것이야말로 매우 긴요한 시대적 명제임을 깨닫게 됩니다. 그리고 시대가 변화더라도 인간의 주체성과 본연의 자아를 간직하는 일은 행복한 삶의 기본 조건이며 휴머니즘에 있어서 가장 중요한 자양분임을 잊어서는 안 될 것입니다.

까마득 깊었던 우물 속 하늘
어머니 키만큼 낮아지고 있었습니다.
밤새 풀벌레 울음, 달빛보다 가볍던 날
아버지 품처럼 작아진 고향집
오늘은 어른 되어 누웠습니다.
달 만지러 앞내 동산 올라서면
내뜰 논배미 끝자락으로 달아났던 보름달이
어느새 따라와 창틈에서
미안타 미안타했던 고향집
귀뚜라미 한 밤 내내
잊었던 어린 기억 도란도란 풀어내고
이른 아침 부산한 상차림 소리
선잠을 깨웁니다. 게으른 하품을 주고
코스모스 화단 안개를 마시면
아득하게 밀려오는 가을 운동회 냄새
빠알간 크레용, 감나무 단풍으로 걸렸습니다.
도회의 옷자락 잠시 벗어두고
오늘은 온수 아닌 샘물

가만 이마 대어 봅니다.

싸아한 고향 철병 묻혀봅니다.

— '추석 고향' —

오늘 날의 문학도 정신문화의 위기와 비례하여 위축되고 소외 되고 있음은 예외가 아닙니다. 때로 상업주의에 경도된 문학의 대중화 현상은 참된 인간 정신의 구현이 아니라 프롬의 지적대로 교환가치적인 상품화에 불과합니다. 이 시대에 참된 문학 작품, 진지한 시 한편은 우리와 함께 동시대에 살면서 소외와 단절을 치열하게 진단하고 공감하며 또 극복해나가는 동반자로서, 카타르시스로 그 기대를 충족케 합니다. 또, 치열한 시대를 살아온 뒤의 훗날 일상에서도 기억 저편을 일깨울 수 있고 자아를 진지하게 들여다볼 수 있게 하기도 합니다.

흔들리는 잎의 무게만큼

휘지 못한 가지의 무게만큼

스스로 내린 깊이

오늘도 네거리 밤은

모진 바람으로 기울어지고

행인의 어깨 위로

바쁘게 내리는 가로등 빛

신음마저 묻어버린 어둠

눈물보다 진한 이슬만이 내리고

단단한 밤

어느 지하실에서 낮게
낮게 소리 죽여 우는 넋들이
아린 달빛으로 걸렸다.

등이 굽을수록 외려
깊게 디뎌온 뿌리
이 땅의 허기를
나이테에 새기어
강물보다 크게 귀를 열었다.

이제
땅 밑 징소리로 울리는
물소리, 물의 소리

밤구름을 따라 사람들이
회색의 잠으로 흐른 뒤에도
펄럭이는 가로수
광화문 거리를
세우고 있다.

— '광화문 가로수에 기대어' —

시는 자연과 인간 존재의 현상을 탐색하여 그 실상과 이면의 진실을 드러내고 새롭게 창조해나가는 보루로서 우리에게 발견의 기쁨과 탐색의 환희를 줍니다. 이것은 개개인의 풍요롭고 정서적인 삶에 작용하는 미학적 즐거움이 되기도 합니다. 고도로 응축된 시의 세계야말로 사막의 오아시스로서, 도심 속의 자연 동산으로서의 역할을 충분히 제공하고 있는 것이며 인간에게 던지는 메시지이기도 합니다.

비킬 뿐
산은 산을 가리지 않는다.
낮은 데로 낮추어
소리도 묻어나지 않게
앞은 앉고 뒤는 서고
크면 큰 대로 빛깔을 던다.
언젠가
강이 지나칠 무렵
한 자락씩 거두어 길을 내고는
은밀히 강바닥으로
무릎을 맞대어, 그저
그 자리에 있었다.
산은
산을 밀어 내지 않는다.
무성한 제 그림자를
강물에 담글 때면
건넛산이 잠길 어귀를
비워둔다.
때로 겹친 어깨가
부딪칠 때도
조금씩 비켜 앉을 뿐
산은

산을 가리지 않는다.

– '산은 산을 가리지 않는다' –

현대의 인간이 비록 문명화 속에서 자아 상실과 단절의 상황에 있다 하더라도 이에 맞서 인간은 참된 자기 정서와 진실된 자아 세계를 발견하고자 하는 노력을 포기하지 않습니다. 이것은 이성적인 노력에도 있지만 본연의 심성이 연어의 회귀처럼 생명의 원천을 향해 끊임없이 지양하기 때문이기도 합니다. 이러한 순수한 욕구는 인생과 자연과 진리의 가치를 탐구하고 고양시키고자 하며, 때로는 현상의 진실을 새롭게 보고자 하는 정신 활동으로 나타납니다.

이러한 정신활동이 예술 장르 중 시로 구현되는 이유는 무엇이며 왜 쓰는 걸까? 이 문제는 시의 특성을 살펴보는, 곧 시란 무엇인가 라는 명제와 맞닿아 있습니다. 인문사회학적 이론을 바탕으로 지나치게 학문적으로 구명하여 시의 본질을 따지면 오히려 논리 체계나 수학 공식 만큼이나 골머리가 아픕니다. 복잡한 부품을 살펴보는 것이 아닌 소박하게 일기나 편지는 왜 쓸까라는 일상적인 글쓰기 차원이라 여기고 살펴보면 좋을 것 같습니다.

나는 내가 시를 쓰는 이유는 원론과도 맞닿아 있습니다만 스스로 정리하면 다음과 같습니다.

첫째, 내 느낌(정서)이나 의지를 언어로 표현하고자 하는 기본적인 욕구가 있기 때문입니다.

인간은 누구나 언어를 통하여 의미화하고 표현하며 이해합니다. 문자 탄생 이전부터도 인간은 표현의 욕구를 실행해 왔을 것입니다. 실제로 우주와 신에 대한 찬미나 주문은 일정한 시적 표현이기도 합니다. 그리고 앞으로도 인간이 언어적 사고를 하는 한 이 표현의 욕구는 사그라지지 않을 것이라 봅니다.

시에 있어서 언어는 일반적 기능, 곧 감정이나 정보전달, 명령, 친교 등의 기능을 넘어섭니다. 모든 사물과 현상, 사건이나 행위에 대하여 자신의 상상력을 동원하여 그 실체의 진실에 접근하여 본질을 보고자 하거나 심미적 현상을 파악해내고자 합니다. 그리하여 자신만의 개성적인 시각을 드러냅니다.

일요일에서야
나는 시를 쓰고
아내는 청소기를 튼다.

시장(市長) 대신
자동차세 납부 기한을 알리는
양철판 스피커같이 반짝이는 아침
소쩍새가 왜 죽소하고 우는지
골몰하여 시를 쓴다.

고된 평일보다 일요일에서야
나는 시를 읽고
아내는 유리창을 닦는다.

뉴욕 무역빌딩 억장 무너지는 뉴스가
내 귓가에 테러를 범해도

왜 나비가 청무 밭에서
공주처럼 지쳐 돌아 왔는지
숨죽여 읽는다.

자동차 경적 소리에
양란(洋蘭)이 몹시 흔들려도
늘 나른한 오후인양 흐느적거리는
유배살이 철쭉, 철모르는 이파리 곁에서
나는 시를 퇴고하고
아내는 청소기를 손질한다.

위층 어린 두 형제 잦은 뜀박질에
커튼처럼 흔들리는 파도와
베란다 유리창에 미끄러져 내리는
어선들의 귀항을 보며
일요일은 참
시를 쓰고,
시를 읽기 좋은 날이다.

— '일요일, 시인의 아침' —

둘째, 기존의 세계에 대한 새로운 인식과 언어 표현의 한계를 벗어나고자 합니다. 말하자면 새로운 제2의 창조로서의 행위입니다.

속초의 등대는 뒤뜰에 있다.
턱 끝으로 가리킬 만한

솟대 높이쯤에서
속초로 오는 모든 바람과
먼 바다 물결, 등대도 되지만
삼거리 이정표나
터널을 벗어나며 만나는
역사(驛舍) 앞 흰 깃대와 같은
낯익은 표석이다.
동구 앞자락 느티나무가 아니다.
뒤뜰 둔덕 대나무 숲처럼
사철 그 자리에 서있어
잎 피고 그늘지는 둘레가 속초인 줄을
속초에 사는 이나 오가는 이
슬픈 이나 즐거운 이 모두 안다.
말이 없기는 돌하르방이지만
앞서 드러내지 않고
의뭉하기는 장승이듯 하지만
부라리지 않고
먼저 맞이하고 나중 작별하는 석등이다.
속초에는
동에 살거나
남북 어디로 오가든
돌아서거나 외면하지 않고
어느새 따라와 그윽하게 바라보는
아버지와 같은 등대를 만난다.

— '울산바위' —

아무리 언어가 발달하였다 하여도 우주 만물의 모든 모습과 현상을 모두 표현할 수는 없습니다. 시는 이렇게 제한될 수밖에 없는 언어의 한계성을 깨뜨리거나 표현의 확대를 꾀하는 언어활동이기도 합니다. 또한 기존의 언어로써 추상되고 고정 관념화된 세계를 새롭게 해석하고 인식하고자 하는 일종의 재창조 행위이기도 합니다.

석가모니의 설법 일화에서 염화시중(拈花示衆)이라는 말이 있습니다. 불립문자(不立文字), 곧 문자나 말에 의존하거나 집착하여 진리를 전하지 않고, 이심전심으로 표현하고 이해한 경우를 두고 쓰는 말입니다. 인도의 범왕(梵王)이 석가에게 설법을 청하며 연꽃을 바치자, 석가는 연꽃을 들어 대중들에게 보였습니다. 그러나 대중들은 그것이 무엇을 의미하는지 몰랐습니다. 다만 가섭(迦葉)만은 그 참뜻을 깨닫고 미소를 짓습니다. 말을 하지 않아도 마음과 마음이 통하여 깨달음을 주고받은 것입니다.

그러나 만약에 언어로써 표현하였다면 그 진리의 실체를 현존하는 일상적 언어가 다 감당하여 표현될 수 있었을까요? 당장 낱말의 적절성이나 어휘의 부족에 난감해지고 말 것입니다. 그렇다면 기존의 어휘를 새롭게 조합하거나 적절한 비유를 들어 그 실체에 접근하고자 할 것입니다. 불경에서 많은 비유적 표현이 담긴 이유도 여기에 있습니다.

寺在白雲中(사재백운중) 산사에 흰 구름 가득한데,
白雲僧不掃(백운승불소) 흰 구름을 중은 쓸지를 않네.
客來門始開(객래문시개) 손이 와서 그제야 방문을 여니,
萬壑松花老(만학송화로) 골짜기에 송화 가루 가득 날리네.

— 삼당시인 이달, '불일암 (佛日庵)' —

'양과 목자', '하나님은 나의 방패다' 등의 성경 속의 표현도 '순하고 약한 인간과 보호자', '하나님은 나의 방어자'라고 한다면 오히려 구체성과 생동감이 떨어집니다. 더욱이 어리석고 갈피를 못 잡으면서도 연약하기 짝이 없는 사람(양)에 대한, 올바른 길이나 진리 또는 하나님의 세계로 인도하는 목자(예수)라는 의미와 그리고 이를 사악함으로부터 구제하고 보호하는 여호와(방패)라는 의미로의 확대는 더욱 기대할 수가 없습니다. 그리하여 예수는 어떠한 중요한 진리를 뚜렷하게 인지시키거나 쉽게 이해시키기 위하여 비유를 많이 동원한 것입니다.

이러한 수사적 표현은 '광복절', '세월이 유수 같다.', '하늘같은 은혜', '빈 수레가 더 요란하다.' 등 일상 언어에서 흔히 만납니다. 이는 사물의 모양이나 상태 등 만물의 제 현상을 기존의 언어로서는 표현할 수 없거나, 표현하였다 하여도 효과적이지 못할 때 빗댄 표현들입니다. 이러한 접근은 대상을 좀더 선명하고도 실감나게 합니다.

옛날에도 시적 표현이 없이 '미인'을 기술하라 했다면 어떻게 되었을까요? 곧 일상적인 표현에만 의존하여 '얼굴과 몸매가 매우 예쁘고 날씬하여 이 세상에서 가장 아름다운 자태를 가진 미녀'이라 기술할 것입니다. 그러나 이 여인을 여러 사물의 아름다운 여러 속성에 비유하여 '눈같이 하얀 살갗과 꽃다운 얼굴(설부화용, 雪膚花容), 그 미모에 놀라 물고기는 깊이 숨고 기러기는 떨어질 듯하니(침어낙안, 沈魚落雁), 그 아름다움에 달마저 가려지고 꽃이 부끄러워할 정도이네(폐월수화, 閉月羞花)'라 표현함으로써 아름다움의 극치를 더욱 효과적이고 인상적으로 전달할 수 있었던 것입니다.

미처 녹지 못한 성에가
바람 틈에 끼여 있었다.

종일 햇빛의 겨드랑이가
간지러웠던 거도
날개가 돋기 전의 일이다.
측백나뭇잎 사이
참새 미단이 날개도
제 부리만 감쌀 뿐
아침 오는 줄 몰랐다
기상 전선은
잔설에 갇힌, 몇 개의
산과 강을 건너
빈 우편함 같은
기상통신원의 하품 속으로 사라지고
우리도 여전히
새해 달력 신나 냄새에
중독 되어 있던 겨울 끝막
음지 한 켠 나즉히
앵초 무리만 홀로
꽃불 피켓 들었다.
그게 혁명의 시작인 줄
아무도 몰랐다.

— '앵초가 피던 날' —

시에서의 이러한 빗댐은 좀더 세밀하고 의식적으로 강구되며 훨씬 미묘하고 신선하게 구사되어 깊고 폭넓은 연상과 암시를 불러일으킵니다. 그럼으로써 일상 언어보다 강한 정서적 효과와 더불어 새로운 세계로 해석의 범위가 넓어집니다.

말하자면 시란 불립문자에 가까운 현상에 대하여 언어로 표현하고 구체화 하고자 하는 창제 행위이자, 기존의 언어로 고정되고 추상화된 세계에 대하여 새로운 언어로써 인식의 변모를 주고자 하는 예술 행위인 것입니다. 따라서, 삶과 세계에 대해 추상적이고 길들여진 일반적인 인식에서, 시적 기법을 통하여 벗어나게 함으로써 좀더 구체적이고도 또 다른 진실의 세계로 안내합니다.

시적 기법과 효과에 대하여 이남호 교수는 '시치미 떼기' 로 시적 기법을 설명한 바 있습니다. 시치미 떼고 보여 줌으로써 더욱 요리조리(다양하게 접근) 살피게 하여 상상력으로 실체를 파악하거나 의미를 완성시켜준다는 것입니다. 만약 시치미가 있다면 대상을 자세히 살펴보지 않고 (구체적 지각 없이도) 그 표식(이름,일상어)만으로 지레짐작, 또는 관습적으로 판단하고 말 것입니다.

이는 또 시인 자신의 '변죽(그릇의 가장자리)을 울리기' 기법과도 관련있다고 덧붙여 설명하고 있습니다. 놋그릇은 변죽을 울려야만 놋그릇의 진정한 소리를 들을 수 있다는 것입니다. 곧바로 전달하기보다 간접적 또는 우회적으로, 부분적으로, 수수께끼식으로 돌려 말함으로써 더 효과적으로 사물의 실체를 파악케 하는 것입니다.

이렇게 함으로써 독자는 좀 더 세계에 대한 새로운 발견과 공감을 하게 됩니다. 오히려 구체적으로 세계를 접하게 되는 것이며, 관습적으로 고정화된 세계를 다른 각도에서 찾게 되는 즐거움을 주는 효과를 지니게 됩니다.

〈예문 1〉

나는 오늘 바다에 갔다 왔다. 넓고 푸른 바다 위로 오가는 고깃배를 바라보기도 하고 수면을 스치는 기러기도 보았다. 때늦은 피서객들이 차거운 파도에도 아랑곳 없이 모래사장에서 즐겁기만 하였다.

〈예문 2〉

바닷바람은
발정하는 바다의
유혹이다.
덤덤한 육지를 향해
수없이 보내는
연서이다.
때로 밤바람이 거센 후
아침 해변을 보면
알 까러 오는 파도가 분주하다.

— 이하(李夏), '속초 바다' —

〈예문 1〉 일상어의 "바다"는 추상적으로만 다가오고 구체적인 실감이 없습니다. 곧 관습적이고 일반적인 의미만 있습니다. 그러므로 새로운 사물의 세계가 발견되지 않아 진실(진리)을 향한 고뇌가 없이 그려지고 있습니다.

그러나 〈예문 2〉는 "바다"라는 창조적으로 관찰하고 과 발견한 세계에 대한 새로운 의미부여하고자 했습니다.

셋째, 자아 발견과 존재와 생명에 대한 끊임없는 애정 행위의 발현이자 상상력 노출입니다.

각기 다른 환경에 놓여 있는 인간과 자연은 생명이라는 공통성을 지니고 있습니다. 그 하나하나의 존엄함과 존재의 가치를 인정할 때 애정이 생기는 것이며 그 애정에서 시는 쓰여 지는 것입니다. 지성적 접근이든 원초적 접근이든 연민과 사랑이 없이는 노래할 수 없습니다. 이것은 자기 자신에게도 예외가 없습니다.

굴제비 처마를 비우고
은어떼 객지 가는 길
평은골 처녀총각 도시로 갔다가
추석에는 낙동강 모래펄 물길처럼 온다.
구로공단 숙희 바퀴가방에 아랫마 설레고
대구방직 순이 분홍 보따리 윗마가 술렁이면
모래채취장 웅덩이 물결도 기름지고
논두렁에 뉘인 올벼마저 한기를 잊는다.
떠나던 날, 할머니 비비고 비빈 밤알을
쥐어주던 동구 밖 신작로
십년 가난 백년 가난 다 벗고
윤기 나는 구둣굽에 노을이 든다.
가을 안개 국민체조 냄새 나는
운동장 낮은 측백나무 어른스레 자랐다.
내성천 천방 길, 조금만 아프게
고만고만 새겨 둔 옛사랑 눈물까지
제각기 맡긴 보따리인 냥 찾고 나면
고향집 툇마루 추녀를 향해
잔업의 졸음을 씻고 흰 달이 오른다.
청둥오리 물질하듯 멀어지는 어머니 손짓

웃어주고 공단으로 돌아오던 날
자취방 문지방까지 따라온 한가위 달빛이
코울음을 참느라
연신 밤구름을 풀어내고 있었다.

— '내성천 아이 4' —

그러므로 인간의 영원한 명제는 진정한 자아의 세계를 발견하는 일이며, 이 세계에 있는 모든 존재를 진지하게 탐색하는 것입니다. 다시 말하면 실존의 원형과 본질을 재발견하는 일이며, 이 발견은 시라는 매개체를 통해 재창조 되는 것입니다.

그리하여 서사적, 연대기적 나열이나 분석적이고 사실적인 산문과는 달리 시는 무한한 상상력에 의한 연상적 기법을 취합니다. 대상을 탐색하기 위한 상상력을 동원한 여러 방향으로의 접근과 이미지가 제시되고 그 이미지들은 또 다른 이미지와 조합하여 새로운 의미를 탄생시킵니다. 그럼으로써 우리는 정형화된 원형과 본질을 탈피하여 새로운 시각에서 또 다른 세계를 창조해내는 것입니다. 이 세계는 이전의 추상적 세계를 벗어나 좀더 구체적이고 생동감 있는 원형을 보여주게 됩니다.

낙엽이 지는 날은
바람이 불어야 해

지표를 흔드는 추락보다는
더러 솟구쳐

뉘도 울어주지 않는

상처를 흔들며
재생의 둘레를
보기 위하여

살풀이 옷고름 날듯
뒹굴어야 해

혼은 혼끼리
해후하는 흐느낌
환희도 있는 계절

살아온 날의 무게로
추락하기보다
비워버린 만큼의
가벼움이 넘실대는

낙엽이 지는 날은
바람이 불어야 해.

— '낙엽이 지는 날은' —

산문의 사고 단위가 대체로 연대기적이라는 것은 곧 문장들이 계기성에 의해 연결됨을 뜻합니다. 이에 반해 시인들은 그것을 연상에 의해 연결합니다. 야콥슨은, 산문작가란 접촉성을 토대로 문장들을 연결하고, 시인은 유사성을 토대로 시행들을 연결한다고 말한 바 있습니다.

그래서 시는 현상에 대한 묘사가 보다 주관적이고 객관적인 사물을 주관적인 관찰로 뒤집음으로서 비유의 깊이를 느끼게 합니다. 사실적 묘사와 주관적 묘사의 배합에 의해서 하나의 이미지를 생성하기도 합니다. 이 모두의 이미지는 연상의 법칙에 따라서 수행되는 것임을 알 수 있습니다.

이러한 연상은 적절한 행갈이의 기법으로 이미지를 장면화 하되, 때로는 파노라마로 연결하거나 전환시키기도 합니다. 이는 운율과 함께 시의 호흡을 느슨하게 하거나 가쁘게도 하는 효과를 지지고 있음을 알 수 있습니다.

여길 봐
신-한국 창조
세-계화로.

좌측 옆을 봐
보통 사람의 시대
새-정치.

그럼 우측을 봐
새-시대
새-물결.

그럼, 그럼 뒤를 봐
새-마을
새-역사 창조.

헌것이었던

우리들은, 흐흐

뭘 봐

새-끼들.

— '새 공중변소' —

넷째, 생각과 정서에 근거하여 세계에 대한 해석을 나에게는 확인이나 자기 만족도를, 다른 사람에게는 감동이나 공감을 이끌어 내고자 합니다. 그러므로 시는 정서적인 심리 반응을 불러일으킵니다.

시인이 관찰과 사색을 통하여 얻은 영감을 고뇌에 찬 언어 조립에 착수하여 퇴고의 과정을 마쳤다 하더라도 의도에 미치지 못한 작문이라면 스스로 부끄러워하는 이유도 자신이 만족해야 할 희열의 문턱에 도달하지 못했기 때문입니다. 앞서 말한 표현의 기본적 욕구에 의해 시가 성립되었더라도 우선 자신과의 거짓 없는 만남에서 비롯되어 진정한 자기 고백이 충만할 때 그 시의 미학적 성과와 생명력이 있게 됩니다. 시는 이러한 자신의 충족감 내지 만족에서부터 출발하고 그 진실 위에 그려진 형상물인 것입니다.

발표된 시는 독자의 몫이라 합니다. 그것은 작자가 의도한 바와 달리 해석되거나 윤색된 경우인데 이는 산문이 직접적이고 설명적이라면 시는 내포적 의미가 다양화 될 수 있기 때문입니다. 특히 비유는 구체성을 가져오기도 하지만 해석의 확장을 가져오기도 합니다. 그러나 시를 상대에게 전하거나 대중에게 발표할 때는 자신과 독자와의 공감대를 기대하거나 경이로운 반응을 기대합니다. 나아가 언어 예술가의 위의를 인정받거나 그 가치를 적어도 내치지 않기를 내심 바라기도 할 것입니다.

그러므로 객관적 정보전달과 실용성에 바탕을 둔 산문과 달리 시는, 독자의 정서적 심리 반응을 요구하고 기대합니다.

코 때려
맞지만 말고
………
울면
지는거야.

— 이하(李夏), '아버지' —

이 시는 객관적 사실의 전후를 생략하고, 대화 사실만 표현한 것입니이다. 어려운 비유를 사용하지 않으면서 이야기하고자하는 의도를 마지막 행에 귀착시키고자 했습니다. 그 다음 진술로 어떤 평가나 정보도 들려주지 않음으로써 상상력을 더 자극하게 되고 이로서 아버지의 모든 마음을 더 강열하게 드러내고자 한 것입니다.

다섯째, 나의 심리상태와 의사를 경제적이고 효과적으로 표현하기 위해 응축과 구속으로 형식화하고(시는 압축을 생명으로 한다), 감흥을 극대화 하고자 춤말(리듬, 운율)로서 그 성취욕을 이룹니다. 그래서 시는 리듬감과 행(line)갈이를 합니다.

시의 주요한 특성 중 하나는 의미와 형태의 압축을 생명으로 하고, 리듬과 행(line)과 연이라는 일정한 율문적 요소를 지니고 있다는 점입니다. 한 행으로 얼마든지 세계를 표현할 수 있음을 일본의 한 줄짜리 시 '하이쿠' 를 통해서도 알 수 있습니다.

이 숯도 한때는 흰 눈이 얹힌 나뭇가지였겠지 - 타다토모

너무 울어 텅 비어 버렸는가, 이 매미허물은 - 바쇼

몸무게를 달아보니 65킬로그램, 먼지의 무게가 이 만큼이라니 - 호사이

나비가 날아가네. 마치 이 세상에 실망한 것처럼 - 이싸

달에 손잡이를 매달면 얼마나 멋진 부채가 될까? - 소칸

비가 내리는 날이면 허수아비도 사람처럼 보이네 - 세이비

새벽이 밝아오면 반딧불도 한낱 벌레일 뿐! - 아온

꺾어도 후회가 되고 꺾지 않아도 후회가 되는 제비꽃 - 나오조

산문은 의미의 확산을 주로 합니다. 그러나,시인은 개인적 경험이나 유추한 세계에 대하여 리듬, 비유, 상징, 이미지 등으로 암시적으로 처리하거나 언어의 연상적 효과나 운율미를 위한 생략 등을 통하여 자신의 사고나 느낌을 압축적으로 표현합니다.

산문은 문장입니다. 하나의 문장이 끝날 때 사고는 완성되며 체계적인 연상은 미미합니다. 이에 반해 시인은 자신의 사고나 관찰을 일정한 리듬감과 소리, 행갈이를 통해 질서 있게 정리합니다.

문수골에서 교통사고가 났네. 났어. 천천히, 천천히 라고 가로수 사이 야광 표지판은 장승 눈깔 으름장으로 버티어도 질주의 쾌감으로 표지를 삼키고 날마다 허리 꺾인 차들이 견인차 등에 업혀 사라졌네.

황톳길 완행버스는 만원이었네. 문수골 훤히 내려다보이는 화전 밭 노적가리에서 죽순 돋듯 반달이 오르고 버스 불빛 삼켜버린 호랑이 한 마리 훌쩍 신작로를 막았네. 남이야타불 동냥 스님 썩 나섰지. 저 호랑이 배고프니 아이 하나 내놓으라고. 아낙은 울부짖었네. 차라리 나를 줄 테니 삼대 독자

아이만은 살려달라 차창 열어 뛰어내렸네. 어쩌나 어쩌나 설레설레 호랑이 불똥만 커졌지. 아이를 내어라 내어주어라. 어미는 떠밀린 아이 안고 길가에 웅크리고, 붉은 입을 쩌억 벌린 호랑이 그제야 길을 내었네. 놓칠세라 버스는 배기통 먹빛 한숨을 토하며 떠나고 중천 달빛은 푸른 구름 속에 숨어버렸네. 날이 새자 문수골 벼랑은 보았네. 허리 꺾인 버스를. 그날 그해부터 화전 수수밭 대궁이란 대궁 속이 붉고, 산너머 너머 호랑이, 샘가마다 있었네 사랑방마다 있었네.

탱잣집 할배도 우물집 할매도 저녁마다 허리 꺾인 고속도로 뉴스를 볼 때마다 호랑이 등에 업힌 모자를 보았노라고 문수골 견인차가 떠날 때마다 보았노라고 붉은 수숫대처럼 술렁거렸네.

– '문수골 설화' –

위 시는 산문형식이지만 반복형 리듬감을 살렸습니다. 산문과 다른 것은 비유와 상징을 적절히 사용하여 사실의 전달이 아닌 연상(聯想)의 심층을 고려하고 있다는 점입니다. 산문의 문장 서술은 대개 사건의 시작부터 종결까지 '원인- 결과' 의 고리로 구성됩니다.

'문수골 설화' 는 민담을 채용하여 향토적인 정서를 고백과 탄식조로 "…네" 로 반복 배치하였습니다. 리듬을 반복적으로 사용함으로써 어떤 급박함과 절실함을 표현하고 있기도 합니다. 인간들의 오해에서 비롯되는 비극적 삶을 복합적으로 보여주면서 결국 우리에게 애증의 정조를 환기시켜 줍니다.

압축과 춤말(리듬, 운율)의 극치는 아무래도 시조가 될 것 같습니다. 정형적 절제로 통해 오히려 자유로운 홍취를 불러내기도 합니다.

두꺼운 피막에 갇히어 파닥이다
밀폐된 풍선 속의 공기가 터져 나오듯
그러한 한 점 섬광을 잡아보고 싶었다.

울타리를칠수도없고가둘수도없어요
초원으로달아난羊잡을수도없어요
밧줄도따라갈말도쏘아댈총도없어요

지표에 드러난 씨앗 같은 날개 짓을
저녁 안개 입술 축인 상수리 푸른 잎을
고단한 깃털 다 뽑고 지혈하는 처용무다.

— '李箱의 날개를 위하여' —

이상에서 나의 시를 통해서 본 나의 창작론이자 시론을 살펴보았습니다.

앞서 말했듯이 나와 인연을 맺은 모든 것들에 대한 진실된 생각과 애정이 시라고 생각합니다. 그 인연을 노래한다는 것은 그리고 그 마음을 표현한 다른 시를 대하는 것은 참으로 행복한 일입니다. 아끼는 시집 몇 권은 나를 깨닫게 하는 아름답고도 소중한 인연에 대한 고백서입니다. 우선 나의 시는 스쳐가는 작은 하나라도 그 인연을 기존의 시각에서 벗어나 새롭게 보고자 하는 부분에 불과합니다.

내 마음에 가까운 詩

[시는 분석보다 감응이 우선이다.]

문학의 기원에 대한 학설은 다양하다. 필자는 그 중 창작의 동기에 가까운 기원설로 W.H.Hudson의 말에 좀더 귀를 기울이고 싶다.

창작은 "자기표현에 대한 우리의 욕구, 인간과 그들의 행위에 대한 흥미, 그리고 또 인간들이 살고 있는 현실 세계와 실존을 떠오르게 하는 상상 세계에 있어서의 흥미로움, 또 형식으로서의 형식에 대한 우리의 사랑"의 결과물이라는 견해가 그것이다.

사람들 사이에 섬이 있다.
그 섬에 가고 싶다.

― 정현종, '섬' 全文 ―

시인은 자신의 삶과 남의 삶에 대한 또는 존재와 세계에 대한 표현욕과 흥미를 가진다. 미지의 섬처럼 가보고 싶어 한다. 또한, 시인은 현실과 상상의 세계에 대해 일정한 형식을 부여하는 억제의 미학에 스스로 도취되기도 한다. 그렇다고 해서 한 편의 시가 시인만의 고유한 세계일 수는 없다. 감정이나 정서는 순간적, 개성적이면서도 보편성을 지니고 있기 때문에 많은 독자들이 교감하게 마련이다.

동짓달 기나긴 밤 한 허리 베어내어

춘풍 이불 아래 서리서리 넣었다가
어른님 오신 날 밤이거든 굽이굽이 펴리라.

— 황진이 —

사랑하는 이와 함께 한 밤을 떠올릴 수 있는 사람이라면 짧은 시간의 아쉬움에 홀로 했던 긴 밤을 떼어내어 이어놓고 싶었으리라. 이처럼 모든 이의 감정이나 정서를 대신하여 읊은 듯이 감동을 주는 것은 인간 정서의 보편적인 특성 때문이다. 그러므로 한 편의 시는 시공을 떠나 누구에게나 공감할 수 있고 감흥을 주는 것이다.

그렇다면 시로써 펼치고 있는 현실의 상황이나 감정, 사상 등의 시적 상황은 곧 나의 상황일 수도 있고 내 마음의 대리행위일 수도 있다.

사랑이여
어디든 가서 닿기만 해라
허공에 태어나서
수많은 촉수를 뻗어 휘젓는
사랑이여
어디든 가서 닿기만 해라
가서 불이 될
온 몸에 태워서
찬란한 긴 점의 섬광이 될
어디든 가서 닿기만 해라(후략)

— 文孝治, '사랑이여 어디든 가서' 중에서 —

누구에게나 그리운 사람은 있다. 추억이나 동경의 세계, 아니면 자신의 현실 속에 존재하는 그리운 대상이 있을 것이다. 홀로 존재하는 세계가 있을까? 비록 곁에 아무도 없는 고독한 존재라 할지라도 우리는 늘 누군가 그리워함으로써 함께 존재한다. 그러한 어울림이 있기에 내면의 세계는 아름답다. 여기에서 어울림이란 드러남보다 그리움으로 감추어진 세계이며 이것은 그 세계에 대한 동경과 애틋함을 수반한다.

물 속에는
물만 있는 것이 아니다.
하늘에는
그 하늘만 있는 것이 아니다.
그리고 내 안에는
나만이 있는 것이 아니다.
내 안에 있는 이여
내 안에서 나를 흔드는 이여
물처럼 하늘처럼 내 깊은 곳 흘러서
은밀한 내 꿈과 만나는 이여
그대가 곁에 있어도
나는 그대가 그립다.

— 류시화, '그대가 곁에 있어도 나는 그대가 그립다' —

좋은 시는 내 마음의 대리 행위를 해주는 공감의 감동을 일차적으로 주지만 두고두고 읊조릴수록 갈무리되어 있던 다른 의미를 발견하게 한다. 자신의 상상력 밖에 존재하고 있는 새로운 세계와 만나는 신선한 충격과 경이로움을 갖게 한다.

꽃이
피는 건 힘들어도
지는 건 잠깐이더군
골고루 쳐다볼 틈 없이
님 한번 생각할 틈 없이
아주 잠깐이더군

그대가 처음
내 속에 피어날 때처럼
잊는 것 또한 그렇게
순간이면 좋겠네

멀리서 웃는 그대여
산 넘어 가는 그대여

꽃이
지는 건 쉬워도
잊는 건 한참이더군
영영 한참이더군

— 최영미, '선운사에서' —

꽃이 피는 이유를
전에는 몰랐다.
꽃이 필 적마다 꽃나무 전체가
작게 떠는 것도 몰랐다.

꽃이 지는 이유도
전에는 몰랐다.
꽃이 질 적마다 나무 주위에는
잠에서 깨어나는
물 젖은 바람 소리.

사랑해 본 적이 있는가.
누가 물어 보면 어쩔까.

— 마종기, '꽃의 이유' —

한편의 시는 이렇게 인간의 감정이나 사상 또는 자연의 비밀스러운 내면을 드러내는 작업이다. 단정을 거부하는 만상의 세계이기에 모두를, 아니면 한가지 사실을 정면으로 탐색한다는 것은 불가능하다.

그러므로 시인은 현상세계에 대해 정면으로 탐색하거나 묘사하기보다 우회적으로 비유하여 '돌려 말하기' 를 하되 정작 이모저모를 상상케 하여 진실된 세계에 자신과 독자를 좀더 접근시키려 한다. 조심스럽게 단면을 탐색함으로써 전체를 유추케 하거나, 감정을 숨기거나 모호한 자세를 취하기도 하지만 오히려 호기심과 탐색을 이끌어내어 미처 사람들이 인식하지 못하였거나 드러내지 못한 현상들을 발견케 한다.

어린 눈발들이, 다른 데도 아니고
강물 속으로 뛰어내리는 것이
그리하여 형체도 없이 녹아 사라지는 것이
강은,
안타까웠던 것이다

그래서 눈발이 물 위에 닿기 전에
몸을 바꿔 흐르려고
이리저리 자꾸 뒤척였는데
그때마다 세찬 강물 소리가 났던 것이다
그런 줄도 모르고
계속 철없이 눈은 내려,
강은,
어젯밤부터
눈을 제 몸으로 받으려고
강의 가장자리부터 살얼음을 깔기 시작한 것이었다

— 안도현, '겨울 강가에서' —

이렇게 시인은 자신의 관찰과 사색을 통해 그리고 숙련된 감각의 촉수를 뻗어 얻은 새로운 세계를 한 편의 시로 형상화한다.

이러한 시는 비록 시인이라는 타인의 존재가 노래한 것이라 할지라도 독자들 또한 만상(萬象)의 감정을 지녔고 그중 한 가지 이상의 정서와 공통분모를 형성하게 되므로 공감이나 미적 감흥을 공유하게 된다.

북한산이 다시 그 높이를 회복하려면
다음 겨울까지는 기다려야만 한다.
밤사이 눈이 내린,
그것도 백운대나 인수봉 같은
높은 봉우리만이 옅은 화장을 하듯
가볍게 눈을 쓰고,
왼 산은 차가운 수묵으로 젖어 있는,

어느 겨울날 이른 아침까지는 기다려야 한다.(후략)

— 김종길, '孤高' 중에서 —

산의 높이, 또는 그 고고한 자태가 뚜렷이 드러나는 때는 언제일까? 봉우리 꼭대기에만 살짝 눈 내린 아침일수록 산도 다 같은 산이 아님을 깨달을 것이다. 인간의 자태도 이와 같지 않을까? 이렇듯 자연을 바라보는 독특한 시인의 시각도 독자의 공감을 불러일으킬 수 있는 것은 무심코 지나친 체험의 기억을 떠올릴 수 있기 때문이다. 그 내면에 담겨진 삶의 의미를 넌지시 제시하고 있음을 발견할 때 그 기쁨은 배가 되는 것이다. 나아가 나의 마음을 대신 읊은 동지애를 느끼기까지 한다.

때로는 나의 편협한 시각이나 일상에서 벗어나지 못한 사고의 틀을 여지없이 깨는 시를 만났을 때는 전율마저 느끼게 한다. 우리가 얼마나 고정 관념에 사로잡혀 살아왔는지를 깨닫는 동시 새롭게 창조되는 세계와 만나는 환희와 함께 말이다.

물건을 훔친 사람아
사람을 때린 사람아
속인 사람아 미워한 사람아
모욕한 사람아 나를 죽인 사람아
내가 그대들을 물어뜯었다면
그건 내 죄악이 아니야
뒤로 물러날 수 없는
슬픈 발 때문이야
사랑이라곤 한 번도 받아본 적이 없는
미움만 받은 나는 미움이

독이 된 독이 되어 몸뚱이에
번져 나온 슬픈 몰골로
돌부리 가시밭길
물러설 수 없어서 앞으로 쫓긴다
오늘도 가시덤불 별빛 아래서
온몸이 성기인 채
나와 동족인 아내와 헝클어져
그대들보다 긴 사랑을
나누고 있는 거야.

– 권석창, '사족(蛇足)' –

시는 내 마음과 별개의 것이 아니다. 시적 상황은 나의 인생 그 단면의 하나일 뿐이다. 내 마음에 가까운 시편이나 시집 한 권을 지닌다는 것은 순결한 행복이다. 지겨운 일상적 언어를 넋두리처럼 풀어 놓거나, 알량한 비유적 수사 몇 마디로 버무려 놓은 시가 아니라, 농축된 언어가 엮어내는 감칠 맛 나는 묘사나 삶과 자연 세계에 대한 신선한 개안(開眼)이 담긴 시를 만났을 때 더욱 그러하다.

강은 처음부터 몸을 풀고
낮은 곳이면 어디든 가서
함께 머물렀다. 그러나 강은
그곳을 떠날 때
뭍은 그대로 두고 갔다.
새들도 강에서 날개를 접을 때는
반쯤 몸을 물에

잠그고 있는 돌 위에
다리를 놓았다.

— 오규원, '강' —

그렇다고 우리가 만나는 나와 너, 그리고 내면의 세계와 현상을 시가 다 규명하거나 풀어내지는 못한다. 진리는 그대로이지만 우리는 늘 닿지 못하고 다가서기 위해 흐르고 있는지도 모른다. 그러나 시인의 깊은 사색과 예민한 직관력이 빚어낸 한편의 시, 긴 산고 끝에 태어난 언어 예술의 감촉, 그리고 두고 두고 우러나는 심연의 맛을 느끼게 하는 시 한 구절은 세상의 내밀한 진실을 다 발견한 듯 나를 설레게 한다. 그리고 오히려 나 자신이 퇴고를 막 끝낸 시인인 것처럼 아늑한 평화에 잠긴다.

사는 일은
밥처럼 물리지 않는 것이라지만
때로는 허름한 식당에서
어머니 같은 여자가 끓여 주는
국수가 먹고 싶다

삶의 모서리에서 마음을 다치고
길거리에 나서면
고향 장거리 길로
소 팔고 돌아오듯
뒷모습이 허전한 사람들과
국수가 먹고 싶다

세상은 큰 잔치집 같아도
어느 곳에선가
늘 울고 싶은 사람들이 있어
마음의 문들은 닫히고
어둠이 허기 같은 저녁
눈물자국 때문에
속이 훤히 드여다보이는 사람들과
따듯한 국수가 먹고 싶다

— 이상국, '국수가 먹고 싶다' —

글쓰기란 무엇인가?

"글은 사람이다." G.L.L 뷔퐁의 말이다. 이 말의 의미를 몇 가지로 나누어 생각해 볼 수 있다.

① 글은 글쓴이의 인격을 드러낸다.

② 글은 글쓴이의 생각(느낌, 의사, 이해, 사상, 정보 등)을 드러낸다.

③ 글은 글쓴이의 양식을 드러낸다.

④ 글은 글쓴이의 환경을 드러낸다.

⑤ 글은 글쓴이의 의식. 무의식의 세계를 드러낸다.

이로 볼 때 글은 인간의 모든 사고 과정과 그 결과, 나아가 삶의 내면과 외면을 아우르게 담은 언어활동이라 할 수 있다. 따라서 글을 쓰는 행위 즉 글쓰기는 '개인의 사상이나 감정, 의견 등을 소통하고자 문자언어로 표현하는 것' 을 의미한다. 표현은 전달의 목적을 지닐 수도 있고 단순히 표현의 욕구에 의한 것일 수도 있다. 그러나 대개의 글은 남에게 자신의 생각을 전달하여 공감을 이끌어 내고자 한다. 정서를 나누거나 설득하거나 이해시키려 한다.

인간의 특성 중 하나가 '언어적 인간(homo loquens)' 이라고 한다. 언어는 다른 동물과 변별되는 요소인 동시에 인간의 삶에 있어서 필수 요건이다. 누구나 언어를 사용하여 남과 소통하고 세계와 만난다. 참고로 Halliday(1973)는 언어의 기능(functions)을 다음과 같이 7가지로 나누고 있다.

· 도구적 언어(instrumental language)
: 필요를 충족해야 함(상업용 편지)
· 규정적 언어(regulatory language)
: 다른 사람의 행동을 통제(지시문, 법률문)
· 상호작용적 언어(interactional language)
: 사회적 관계를 위한 언어(펜팔)
· 개인적 언어(personal language)
: 개인적인 의견을 피력하는 언어(소견서)
· 상상적 언어(imaginative language)
: 상상이나 창의성을 표현하는 언어(시, 소설)
· 발견적 언어(heuristic language)
: 정보 탐색을 위한 언어(학습 저널, 면담)
· 정보적 언어(informative language)
: 정보 전달을 위한 언어(보고서, 전기문)

남과 나를 소통시키는 도구로서 언어활동은 '쓰기, 읽기, 말하기, 듣기' 라는 네 가지 영역으로 나눈다. 말하기를 구두작문(口頭作文)이라 하여 작문의 영역에 포함시킬 수도 있으나 일반적으로 쓰기라하면 글쓰기 즉 문장작문(文章作文)을 뜻한다.

오늘날 글쓰기 능력은 매우 긴요하다. 정보화 시대란 말을 통해 짐작할 수 있듯이 남과 소통하는 수단으로써 글쓰기는 말과 영상매체만큼이나 현대 생활에 있어서 필수도구로 자리 잡고 있기 때문이다. 한 예로 대학생은 논술, 면접 기술(記述), 전자우편, 과제, 보고서, 발표 프레젠테이션, 논문 등을 써야 하고 사회로 나가면 자기소개서, 각종 문서, 보고서와 기획서 등과 마주친다. 자신의 생각을 체계적이고 명료하게 전달하지 못하는 직장인이나, 상대방에게 자신의 의사를 효과적으로 전달하지 못하는 사람은 그만큼 사회생활에서 어려움을 겪게 될 것이다.

글쓰기는 사회 기능적 측면에서만 의의가 있는 것은 아니다. 글은 말보다 보존성과 보급성 그리고 정확성이 강하여 그 행위가 신중하다 할 수 있다. 그러므로 글을 쓸 때는 목적과 방법, 체계와 언어규범 등을 고려하게 되고 이에 따른 사고력과 지식이 필요하다. 글쓴이는 좋은 글을 쓰기 위해서 깊은 사고와 사고의 수정을 거듭하고 다양한 세계를 알기 위하여 다른 사람의 생각을 접하기도 한다. 그러한 행위로 인하여 점차 창의적인 사고 능력과 세계 지식이 증대되는 것이다. 이뿐만 아니라 자신의 생각을 효과적으로 전달하기 위해 논리와 체계를 갖추고 상황과 대상을 고려하고, 세계 지식을 활용함으로써 자신을 표현하는 능력과 더불어 세계를 이해하거나 문제를 해결하는 능력도 키울 수가 있다. 이러한 능력의 신장은 다른 어떤 표현 수단보다 글을 씀으로 얻는 효과가 크다 하겠다. 그러므로 글쓰기는 그 자체가 자기를 개발하는 적극적인 도구이자 새로운 문화를 창조하는 행위라 할 수 있다.

아무렇게 쓴 낙서나 소위 댓글(reply)을 좋은 글의 형태로 여기는 사람은 별로 없을 것이다. 설사 좋은 글귀를 발견하였더라도 가치의 보존성은 희박하다. 말에 있어서도 모든 발성이 말이 아니듯, 글로 표현되었다고 해서 모두 바람직한 문장이나 한 편의 글이 되는 것은 아니다.

좋은 글을 쓰려면 어떠한 태도를 지녀야 할까? 어문학을 전공한 사람을 만나면 "글을 참 잘 쓰겠네." 하는 경우가 많다. 그러나 글쓰기는 전공과 무관하다. 다만 어문학을 전공으로 하는 사람은 어문학적인 글을 자주 접하고 쓰는 기회가 다른 전공자보다 많았을 뿐이다. 문학적인 글은 지극히 글의 한 분야에 불과하며 빼어난 명문을 남긴 사람은 각계에 두루 있다. 무턱대고 글쓰기가 어렵다고 생각하는 사람은 진정 글쓰기를 위해 노력하지 않은 탓이다. 인간은 누구나 사고하고 그 결과가 글인 만큼 사고를 중단하지 않는 한 누구나 글을 쓸 수 있는 능력을 지녔다. 이 전제가 좋은 글을 쓰기 위한 출발점이다.

첫째, 자신감을 가지고 쉽게 접근한다.

우선 명문을 쓰겠다는 욕심은 글을 경직되게 만든다. 자연스럽게 자신의 생각을 차근차근 풀어가는 것이 중요하다. 억지로 꾸미거나 어려운 말, 유식한 어휘를 의도적으로 쓰고자 했을 때 오히려 잡문을 만들고 글을 쓰고자 하는 자신의 의지나 흥미마저 상실하게 만든다. 명문은 자신이 생각하고 있는 바를 올바르고 효과적으로 표현한 이 후에 평가된 결과물이다. 글재주는 주어지는 것이 아니라 자신이 만들어 가는 것이다.

자신의 생각을 말로 표현할 수 있는 사람이라면 글로 표현할 수 있다는 자신감을 가지고 글쓰기에 임하여 한다. 우선, 말하듯이 쉽게 접근한다. 글쓰기는 말하기보다 시간제한이 없고 수정이 가능하기 때문에 자신의 생각을 좀더 여유 있게 드러낼 수 있다. 우선 자연스럽게 생각을 펼쳐 놓은 이후에 좀더 알맞은 어휘와 효과적인 구성을 모색해도 늦지 않다. 글쓰기를 반복하다보면 언젠가는 수정이 거의 필요 없을 정도로 경지에 이를 수 있다.

성인의 글쓰기는 일기를 쓰는 아이가 "오늘 아침 세수를 하고 학교에 갔다."라고 했을 때와는 다르다. 이는 인상적인 일이나 전달의 목적이 없기 때문이다. 글을 쓰고자 했을 때는 읽는 사람에게 어떠한 영향을 기대하여 쓴다. 그 기대를 말로 한다면 좀더 적극적이고 효과적으로 의사를 전하려 할 것이다. 자신의 의사를 글로 표현할 때 자신감이 없어지는 요인 중의 하나는 다루려고 하는 문제에 대하여 유식하게 답하려는 욕심 때문인 경우가 많다. 가능하면 주제의 범위를 좁히고 제시하고자 하는 결론 역시 한두 가지로 압축하여 자신 있게 말할 수 있는 부분부터 쓰는 것이 좋다. 글을 쓰다보면 미리 생각하여 두지 않았음에도 쓰는 중간 중간 추가해야 할 사항이나 해결하지 못한 문제가 무엇이고 수정해야 할 부분이 무엇인지 알 때가 많다. 구상을 거창하고도 완벽하게 해두고 글을 쓰고자 했을 때 이것이 오히려 걸림돌이 될 수 있다.

한 가지 유념해야 할 것은 이 책에서 제시하는 여러 가지 글쓰기 방법도 글을 쓰는 시작 행위에 비해 중요하지 않다. 처음부터 글쓰기의 이론을 그대로 적용하여 완성하는 것보다 말하고자하는 내용을 자연스럽게 펼쳐 놓는 것으로 글쓰기를 시작하는 습관이 더 중요하다. 그러한 글쓰기를 거듭하면서 작문에 관한 이론을 참조한다면 점차 말보다 정제된 글을 쓸 수가 있고 처음 쓴 글보다 더욱 짜임새 있는 글로 완성될 것이다. 이러한 태도가 어렵지 않게 글쓰기 생활을 할 수 있는 첫 단추이다.

더욱이 한글은 소리글자여서 말과 글과의 장벽이 없는 편이다. 글쓰기에 좋은 문자 환경을 지니고 있어 글재주가 없다는 선입견과 핑계를 버리고 자신감을 지니고 글을 써간다면 누구나 즐거운 글쓰기를 할 수 있다. 비록 단순한 표현을 한 아이의 일기라 할지라도 "세수를 잘 하는구나. 네가 세수를 어떻게 했는지 알려 줘" 라고 한다면 그 내용이 풍부해진다. 쉽게 접근할 수 있는 자기 일상을 부담감 없이 자연스럽게 쓰되 약간의 요령이라도 알아두면 좀더 나은 글쓰기를 할 수 있다.

둘째, 많이 읽어야 한다.

그리스 속담에 '글을 쓰는 사람은 두 번 읽는다.' 라는 말이 있다. 글쓰기는 체험과 사고 과정을 필요로 한다. 독서는 견문을 넓히고 글을 쓰는 요령을 체득할 수 있는 좋은 방법이다.

쓰기와 읽기는 밀접한 관계가 있다. 우선 의사소통의 수단이라는 점에서 공통점이 있다. 의사소통은 문명 발전의 원동력이다. 이는 정보와 지식을 교류케 하고 전승시키기 때문이다. 독서는 정보와 지식의 보고이자 참된 정서를 기를 수 있는 터전이다. 또 쓰기와 읽기는 다같이 창조적인 사고 활동을 하게 한다. 남의 글을 읽음으로써 재료를 온전히 얻기도 하지만 새로운 재료를 찾을 수 있는 능력이나 계기를 준다. 독서는 자신이 미처 생각하지 못했던 점을 알게 하고 어휘력과 표현 능력, 논리나 체계성, 비평 능력까지 갖추게 하여 글쓰기에 매우 유용하다.

'삼일불독서어언무미(三日不讀書語言無味)〈世說新語〉' 라는 말이 있다. 사흘만 독서하지 않더라도 사상이 비열하여 말마저 이치가 없어진다는 뜻이다. 비단 말만이 아니라 글쓰기에 있어서도 다양하고 풍부한 독서 경험 없이 글을 쓴다는 것은 사고가 편협하여 그만큼 내용과 표현이 진부하거나 단조롭게 된다.

셋째, 깊이 생각하고 새롭게 본다.

앞에서 글은 인간의 모든 사고 과정과 그 결과라고 언급한 바 있다. 깊은 사색을 통하여 사고가 정리되고 그 사고는 한 편의 글에 담기게 된다. 아무리 넓고 지식과 견문을 지녔다하더라도 내면에서 정제되지 않는 한 좋은 내용의 글이 될 수 없다. 사색은 무턱대고 하는 것이 아니다. 일정한 목표를 가지고 사리를 따져보거나 주의 깊게 관찰하고 깊이 생각하는 것이다. 극작가 싱(John M. Synge)은, 대표작 '골짜기의 그림자' 를 집필할 때 자신의 창작에 진정 도움이 된 것은 다락방 바닥에 난 구멍이라고 했다. 그것을 통해 부엌 아낙들의 수다를 들을 수 있었기 때문이다. 아무리 일상적인 것이라도 관심을 가지고 살펴보았을 때 그것은 일상에서 벗어나 새로움의 세계로 다가 온다. 그러므로 사색과 관찰은 서로 동반되어야 한다.

좋은 글은 반드시 새로움이 있다. 새로움은 재료와 글쓴이의 신선한 시각에 있다. 읽는 이가 평소 대하는 것이나 알고 있는 지식이라 할지라도 미처 깨닫지 못하였거나 새로운 해석일 때 그 흥미와 참신함은 더해진다. 그러한 새로움은 누구나 인지하고 있는 것에서 비롯되지 않는다. 다른 시각(발상의 전환, 문제의식)이나 창의적인 관찰에 있다. 만약 다른 사람들이 이미 알고 있는 사실을 글쓴이 자신만 모르고서, 새로운 사실인양 들떠 썼다면 무지를 드러낸 것에 불과하다. 다른 이의 생각이나 관심을 접하되 남과 다른 눈으로 사물을 관찰하는 습관을 가졌을 때 자기 나름의 개성 있는 시각이나 창의성을 발휘할 수 있다. 그러므로 사색과 관찰도 독서나 견문을 병행했을 때 그 의의가 더해진다.

넷째, 메모하고 자주 쓴다.

좋은 글을 쓰기 위해서는 식견이나 사색만이 필요한 것이 아니라 표현 기술을 익히기 위한 꾸준한 노력이 필요하다. 한 명의 숙련공이 탄생하기까지 반복되는 기능수련이 필요하듯이 글도 이와 같다. 자주 쓰고 가능한 많이 써보아야 자기 생각을 효과적으로 표현할 수 있는 능력이 길러지고 개성적이 문장력도 지니게 된다. 습작은 좋은 글을 쓰려는 노력의 일환이다. 습작이라 해서 모두 버리는 글은 아니다. 나중에 이를 수정하면 좋은 글이 될 수도 있으며 다른 글을 쓸 때 유용한 자료로 활용되기도 한다. 전문작가도 쓰고 또 쓰는 작업의 반복에서 작품다운 작품이 탄생하는데, 하물며 초보 글쓰기에서 자주 쓰는 습관을 권유하는 것은 지나친 일이 아니다.

일상생활이나 여행, 관람 등을 하면서 문득 떠오르는 생각이나 이미지, 새삼 발견한 사실이 있으면 즉시 메모를 해두는 것은 나중에 글 쓸 때 매우 유용하다. 특히 독서를 하는 도중에 필자의 주요 관점이나 관심이 가는 부분, 자기 생각 등을 메모해두는 것은 매우 좋은 습관이다. 메모는 기억의 한계를 극복할 수 있는 동시에 새로운 사고 과정을 수반하기 때문에 글쓰기에 있어서 유익한 재료가 되고 창의적인 글감으로도 활용된다.

예부터 전하는 작문의 수련방법으로 삼다(三多)가 있다. 중국 송나라 때 대문장가인 구양수(1007~1072)는 '후산시화(後山詩話)' 에서 글을 잘 짓는 비결로서 다문(多聞), 다독(多讀), 다상량(多想量)을 제시했다. 여기에 다작(多作)을 더하면 많이 듣고, 많이 읽고, 많이 생각하며 많이 쓰는 것인데 이는 현대에 와서도 좋은 글을 쓰는 태도로 유효하다.

속초 게를 먹다

[松齋 李堣 선생의 詩]

출타했다가 미시령이나 물치 정도에 오면 내가 속초를 그리워했음을 안다. 사람도 사람이려니와 이 고장의 이곳저곳 경이로움이 이제는 제법 향수로 자리 잡았는가 보다. 어디 한 곳 홍취를 지니지 않은 풍광이 어디 있겠는가마는 영동의 풍취만한 곳을 쉬 만나기 어렵다.

십년 가까이 살다보니 명소 곳곳은 다 탐하여 틈틈이 구석구석 둘러보는 게 요사이 또 달리 사는 맛이다. 그리고 여기에 곁들여 설악의 둘레에 와 본 시인치고 시를 읊조리지 않은 이는 없으리라 여기고 그 향취를 찾는 게 또 하나의 연찬이자 낙이기도 하다.

건성으로 다녀간 이가 아니라면 산과 바다와 그리고 하늘까지 그윽한 삼재의 조화를 필시 느꼈을 테이고, 시인이라면 한껏 들뜬 심상을 펼쳐 놓았으리라.

특히 우리 조상들은 이 곳에서 물아일체의 순간에 신선이 된 듯 도취하였으니 간혹 서책에서 관동 그것도 영북에 관한 시를 만나면 더없이 행복하다. 더욱이 나는 시인으로서 이 고장에 와 직접 풍관과 풍류에 젖어 여러 편의 시를 쓴 적이 있는데, 松齋의 22세손으로서 500년 전의 직계할아버지의 시를 문집에서 이 고장의 시를 대하고 보니 그 감개가 남다를 수밖에 없다.

이 천혜의 고장에서 나는 꽤 안타까운 것을 여러 지인들에게 말하고 제안한 바도 있다. 수 천편의 가작을 남긴 시객들을 한자리에 모은 일을

이 고장 사람들은 한 적이 없다는 점이다. 이 곳을 노래하고 아름답게 형용한 시를 모두 모으는 일이 그리 쉬운 일은 아니지만 뜻을 두면 또 그렇게 어려운 일도 아닐 것이다.

많은 문화적인 성과를 이루고 있는 김삿갓 문학관, 토지문학관, 그리고 이효석, 김유정 문학관 등은 개인을 중심으로 한 것이다. 그러나 그보다 더 자랑스러운 소재가 이 곳에는 있다. 예로부터 이 고장은 모든 음유 시인의 고장이요 자연에 대한 감흥의 산실이었다. 그러므로 수많은 절편이 있는 만큼 이를 엮은 단행본이나 시리즈쯤은 있어야 하지 않겠나 싶다.

이런 생각에 틈틈이 시를 모으면서, 이 고장에 사는 나보다도 더 섬세한 촉수로 그려놓은 시를 만나면 감탄과 더불어 그 시상을 훔치고 싶을 때가 있다.

그리한데 더 실망스러운 것은 이 곳 명소에서 만나는 인공물에서의 시편들이다. 돌비석이나 현판에 또는 관광 상품의 인쇄품에서 보면 졸작도 이만저만 아닌 시를 실어 놓거나 새겨두고 있으니 풍광이 눈을 돌릴까 조마조마 하다.

설악을 노래한 이는 설악을 그리워 한다. 동해를 노래한 이는 동해를 꿈꾼다. 이러한 모든 이들은 속초를 늘 다시 보고 싶어 한다.

예나 지금이나 설악산을 중심으로 한 영북은 자연에 대한 송찬의 시적 영감을 주는 곳이다. 그러나 이곳에 붙박이로 사는 사람을 제외하고 송재 선생과 같이 수 십 편의 시를 남긴 경우는 그리 많지 않을 것이다.

송재(松齋) 이우(李堣)는 1469(예종1)~1517(중종 12)의 조선 중기 문신이자 시인이다.

선생은 강원도 관찰사와 여러 번 어사를 지낸 바 있어 영동을 드나든 인연이 있다.그리고 그의 조카가 퇴계 이황이며, 퇴계는 어릴 적 양친을 모두 여읜지라 숙부인 송재의 보살핌 속에서 자랐고 12세에 《논어》를 배웠다. 딱히 스승의 문하를 갖지 못했던 퇴계로서는 늘 은혜를 깊게 간직하고 있었다.

송재 선생은 1469년 경상도 안동부(安東府) 예안현(禮安縣) 온계리(溫溪里), 지금은 경상북도 안동군 도산면 온혜동 집에서 태어났다. 본관은 진성(眞城-眞寶에서 개칭)이며 자는 명중(明仲)이며 송재(松齋)는 호이다.

1492년(성종 23) 24세에 생원이 되고, 1498년(연산군 4) 문과에 급제하여 홍문관 정자에 임명된다. 이어 예문관검열 · 대교 · 봉교를 거쳐 1501년 성균관전적에 올라 사간원정언 · 이조좌랑 · 사헌부헌납 · 병조정랑 겸 지제교 · 사헌부장령 겸 춘추관기주관 · 봉상시첨정 · 사간 · 군기시부정 등을 역임하였다.

1506년 동부승지에 임명되어 지제교와 춘추관수찬관을 겸하였다가 입직하던 날 중종반정이 일어나 이에 협력하였다. 그 공로로 정국공신(靖國功臣)4등에 녹훈, 청해군(靑海君)에 봉해지고 우부승지로 벼슬이 승진되어 경연참찬관(經筵參贊官)을 겸하였다.

1508년(중종 3) 부모 봉양을 위하여 외직을 희망, 진주목사로 부임하여 청렴하고도 검소하게 살면서, 백성을 덕으로 다스려 왕으로부터 특별히 표리(表裏)를 하사받았고, 이듬해 동지중추부사로 전임, 호조참판 겸 오위도총부부총관 · 형조참판을 거쳐 강원도관찰사가 되었고 임기를 마치고 양친봉양을 이유로 사직하였다.

그 뒤안동부사, 경상도 관찰사 등을 지내기도 하였으나 여러 번 병과 어버이 봉양을 이유로 사직한다.

문장이 맑고 전아(典雅)하다는 평을 받았으며, 특히 시에 뛰어나 산천의 명승을 읊은 시편들이 《관동행록 關東行錄》·《귀전록 歸田錄》에 실려 있다. 최숙생(崔淑生) 등의 사류(士類)와 친하였다. 예안의 청계서원(淸溪書院)에 제향되었다.

송재 선생과 강원도의 인연은 36세(1504년, 연산10)에 강원도 적간(摘奸)어사(御使)로 차견되고부터 시작된다. 두루 친숙하기는 42세(1510년, 중종5) 때 강원도 관찰사로 부임하고서다. 이 때 중종실록에 실린 중종의 교시는 이러하였다.

"민생의 편안과 걱정은 수령에게 달려 있고 수령을 올리고 물리침은 관찰사에게 달려 있으니 경은 마땅히 마음을 다할지어다. 강원도는 땅이 메마르고 백성들이 가난한데 이것에 더하여 흉년이 들었으니 힘껏 무휼하라" 하였다.

경상도 관찰사로 가기까지 약 1년 3개월간 강원도를 시찰하면서 틈틈이 글을 써 남긴 저서가 〈關東行錄〉이다. 짧은 기간임에도 110편의 빼어난 시를 남기고 있으며 이 중 영북의 시가 20여편이 된다.

이 관동록의 발문을 쓴 이는 신숙주의 손자였던 이락정(二樂亭-성명은 申用漑이며 중종 때 좌의정을 지냄)선생인데 다음과 같이 평하고 있다.

우리나라 이름 난 곳과 고적은 오직 관동을 첫째로 치는데, 내 젊어서부터 한 번 놀기를 원했으나 하지 못하고 지금 늙었다.

사람들이 좋은 경치를 말하는 것을 들을 때마다 마음은 늘 영동에 있었는데. 명중의 보행록을 얻어서 남김없이 다 정돈한 것을 즐기고, 그 율격이 정교하고 예스러움을 아껴서, 늘 책상 위에 펴두고 읊어서 그 맛을 완상하니, 비록 아직 그 곳에 가보지는 못했으나 마음과 눈이 함께 열려 이미 그 경치를 다 알 수가 있다.

어찌하여 이 행록이 능히 나를 여기에 이르게 하였는가. 고금의 시를 짓는 사람을 보건대 모두 그 말을 공교롭게 꾸미는 사람도 그 실제를 궁구하지 못하고, 바깥을 꾸미는 사람은 안을 놓쳤으니, 바다를 말하면서 강하와 혼동하고, 뱁새와 메추리를 읊으면서 또한 이것을 독수리와 봉새에 비기니, 어찌 능히 사람이 그 진실을 얻을 수 있겠는가?

이 행록은 빛나고도 실질이 있고, 법에 맞으면서 아담하여 문자의 바깥에 힘들이지 아니하고 읽어, 이를 맛보면 문 밖에 나가지 않고서도 바다와 산의 진상을 천리의 먼 곳에서 얻을 수 있으니 동해가 소매 속에 있다고 할 만하다.

이제 돌려달라고 하니 둘 수가 없다. 그러니 내 마음에 무엇을 잃은 것 같다.

훗날 조카인 퇴계는 묘갈지에 다음과 같이 애도의 글을 쓰고 있다.

문장을 지으시면 조촐하고 넉넉하면서도 법칙에 맞아 아담하였으며, 더욱 시에 뛰어나셔서 당대에 이름 난 선비와 만나시면 반드시 술을 시키고 시를 읊어 유쾌하고 즐거워서 무아경에 빠지시니 쇠를 두드리고 돌을 치는 풍악도 이보다 더 즐겁지 아니하였다.

〈양양(속초)에 관한 시〉

食蟹속초 게를 먹다

草泥風味昔曾嘗

초이(속초)의 풍미는
예전에 일찍이 맛봤으나
十載持杯右手空
십년 세월 실어 잔 잡으니
빈손으로 살아왔네.
誰道關東無好客
관동 길 좋은 객이 없다할지라도
樽前今對內黃公
술동이 앞에 놓고
내황공(게)를 대했도다.

이 시에서 흥미로운 것은 '草泥(초이, 초니)' 라는 지명이다. 속초를 일컫던 것으로 송재집에서는 주석을 달고 있어 속초가 '수풀, 펄, 갈대, 질흙' 의 토양이었음을 잘 말해준다. 지금의 노학리가 된 '노리(蘆里)' 에서 보듯 갈대가 무성하였고, 500여 년 전의 속초는 상상 이상으로 동해에서는 보기 드문 서해 풍광을 지녔는지도 모를 일이다.

여기서 '내황공' 이란 게의 별칭으로서 소동파(蘇東坡)의 매부인 황산곡(黃山谷)이 즐겨 먹었다 하여 붙여진 이름이다.

〈襄陽路上양양 가는 길〉

濊貊山水國
예맥은 산수 좋은 나라
遊賞多仙徒

유람한 신선 무리 많았으니

我雖非眞仙

내 비록 참 신선이 아닐지라도

嘗爲山澤臞

산 찾아 물 찾아 여위었네.

千載躡遺踪

천년 세월 남긴 자취를 밟고

一一尋名區

이름난 경개 하나하나 찾아보니

名區舊所聞

이 곳 명소 소문 들은 지 오래라

況復披輿圖

다시 지도를 열어 보네.

目與耳先諳

귀에 먼저 익은 곳 바라보니

不甚驚睢盱

눈 부릅뜨고 놀라도 지나치지 않고

時於幽隱處

때로 그윽하니 숨은 곳은

耳目會所無

보지도 듣지도 못하였노라.

漁鳥不駭人

고기와 새는 사람보고 놀라지 않고

花竹集榛蕪

꽃나무 대나무는 수풀 한데 뒤섞였으니

入眼即爲新

보는 것마다 새로워라.

暗與心相娛

내 마음 몰래 마냥 즐거워라.

乃知嶺海間

알겠노라, 산봉우리와 바다 사이

奇勝不會孤

그 절경 외따로이 아님을.

一拳與一勺

한 줌의 돌, 한 구기 물에도

處處堪携壺

곳곳마다 술 한 병 청할 만 하구나.

如游合浦裏

합포 안을 노니는 것처럼

所得皆明珠

얻은 것은 모두 밝은 구슬

浪迹任累繭

유람길 누견처럼 발 부르터도

萬事視樗蒲

많은 경치 건성으로 보고 말았네.

欲將吟領略

훗날 대강 읊으려 하여도

詩不與景謨

시는 경치를 다 못 담으려니

若信身可化

만약 변신술이 정말이라면

更作畵师來東隅

화가 되어 다시 와 관동 한 녘을

劚功數幅鵝溪中

정성스레 끊어 벼루와 먹으로 몇 폭 담아

一掛松齋

한 폭은 내 집 '송재'에 걸어 두고

相對終吾軀

이 한 몸 다하도록 마주 하리라.

예맥은 고대의 부족국가로서 강원도와 함경도 일대에 있었다. 특히 동예(東濊)는 고대 동해안 지역에 거주한 종족으로 금강, 설악권 일대가 그 본거지가 추정된다. 실제로 의복만 약간 달랐을 뿐, 풍속과 언어는 고구려와 같아 고구려와 같은 족속이라고 생각하였고, 2세기 후반 이후 동예는 고구려 지배하에 들어가, 광개토대왕 대에 완전히 고구려 영역으로 편입된 것으로 사학계에서는 대체로 보고 있다. 농업과 어업을 주로 하였고, 마포(麻布)와 양잠(養蠶) 기술이 발달하였다고 한다. 동예인은 별자리를 관찰하여 그해 농사의 풍흉을 예고하였고, 매년 10월에는 하늘에 제사 지내고 밤낮으로 음식과 술을 마시며 노래를 부르고 춤을 추는 제천행사를 행하였는데, 이를 무천(舞天)이라 한다. 특산물로는 반어피(班魚皮)·표범가죽·과하마(果下馬)·단궁(檀弓) 등이 알려졌다.

이러한 예(濊)의 땅은 산수가 좋아 신선이 자주 노닌 곳으로 즐겨 시문에 묘사되고 있는데, 비단 신선 뿐 아니라 신라 화랑을 신선에 비유한 많은 시도 오늘날 전해지고 있음을 볼 때, 은거 생활 또는 신선놀음 같은 유유자적한 유람 이외에도 심신 수양을 위한 적지였음을 말해준다.

송재 선생도 이러한 곳에 대한 소문만 들어오다가 실제 와보고서야 그 경이로움과 아름다운 풍광에 매료되었음을 알 수 있다. 그 흥분을 시로도 다하지 못하여 화폭에 담아두고자 하는 그의 발상은, 나도 언젠가 설악에 들면서 사진 작가가 되었으면 더 나았으리라 하는 생각을 한 적이 있는데 많은 문우들도 그러했으리라 본다.

〈襄陽東軒韻 양양동헌〉

嶺控於西海控前
한계령은 서쪽에 둘러서고
바다는 앞자락에 펼쳤으니
樓臺歌吹度長年
누대는 노래와 젓대소리로 오랜 세월 지냈다.
臘深風檣五峯雪
선달 깊어 바람은 오봉산 눈발을 날리고
炊晩村橫百里烟
저물 녘 밥 짓는 연기,
마을을 질러 백리에 뻗쳤구나.
鯨浪北來坤動軸
북에서 밀어닥친 고래등 물결
지축을 흔들더니
瘴雲東捲月生天
동쪽에 먹구름 걷히니 하늘에 달이 뜬다.
洛山紺宇宸游处

낙산사 감색 처마, 임금님 노닐던 곳

滿壑松濤殷石泉

골짜기 가득 소나무 물결, 돌샘도 많구나.

〈次襄陽東軒韻 양양 동헌 두 번째 시〉 - 첫번째 시에서 운을 빌음

人曾探討幾吾前

일찍이 나보다 먼저 와 구경한 이 몇일까?

自笑來遊已暮年

늙어가는 나이에 와서 유람하니

스스로 우습기도하다.

架海樓臺噓有蜄

누대는 신기루인양

바다 위에 떠 있는 듯하고

近簾山翠滴爲煙

발 가까이 푸른 산빛이

방울져서 연기가 된다.

春磨凹石猶初劫

오목하니 닳은 돌은

아직도 개벽의 긴 시간 중에 있고

偷負沈碑半夜天

물에 잠긴 빗돌 한밤중에 훔쳐 지고 왔지.

病後枯喉思雪乳

병후에 마른 목 신선주 간절하니

中洽一煮五峯泉
오봉산 맑은 샘 끓여 술을 내려 빚자.

양양 동헌을 읊은 시로서 평화롭고 고적한 양양 고을 풍경과 낙산 일대의 전경이 그림같이 그려지고 있다. 또한 낙산사 일대의 풍광과 더불어 임금(조선시대 세조가 오대산 상원사를 참배하고 나서 낙산사에 들렀으며 이 때 홍예문과 삼층 석탑 등 크게 확장 조성된 것으로 알려지고 있음)이 머문 사실도 언급하고 있는데 무엇보다도 오봉산 샘물이 유명했음을 드러내고 있어 홍미롭다.

〈襄陽東軒菊 양양 동헌의 국화〉

我不如陶令
나는 도연명이 아니니
採汝東籬下
동쪽 울타리 아래에서 너를 따랴.
峴山非南山
현산은 남산이 아니니
悠然眞趣寡
유유로이 보는 참 멋 나는 모르겠네.
客窓尙幽靜
객지살이가 오히려 그윽히 고요하여
頗可敵山野
산야와 자못 견줄 만하고

興來病不禦

병세도 흥겨움을 막지 않으니

靑樽堪一把

술 한 두루미 잡을 만하다.

屈汝隱逸姿

숨어 사는 네 자태에 허리 굽혔으나

我豈眞苟且

내 어찌 실로 구차하리오.

相逢官道中

벼슬살이 길에서 서로 만났으니

汝亦非靜者

너도 또한 고요한 자 아니로다.

蕭蕭風雨夕

쓸쓸하게 비바람 치는 밤에

依依不相舍

서로 서로 의지하여 버리지 말자꾸나.

〈降仙驛 강선 역〉

雪後剛風動海堧

눈 온 뒤 세찬 바람 바닷가 몰아치니

琪花開遍洞中天

구슬 눈꽃 두루 피어 온 마을 환하다.

樵翁踏作瓊瑤迹

나뭇짐 늙은이 발자국마다 옥구슬이 생기니
疑是華陽謫老仙
화양에서 귀양 온 늙은 신선이 아닐는지

'양양동헌국(襄陽東軒菊)' 은 병들고 쓸쓸하지만 고적한 산천 홍취에 위안을 삼으면서 국화에 의탁해 절의를 노래하고 있는 서정적 관념성이 돋보인다.

이에 비해 강선역(降仙驛)은 상상력과 회화성이 돋보이는 서정시의 경지를 보여준다.

설악산은 산이 높은 만큼 그 계곡도 깊다. 더구나 기암으로 이루어진 천길 절벽이 즐비한 심심유곡은 누구에게나 기억에 남을 풍광일 것이다. 송재 선생도 이러한 설악산을 회고컨대 특히 기암의 계곡에 대한 영상이 가시질 않았던 모양이다.

많은 설악산의 전경을 묘사한 시들이 있지만 다음의 한계산(寒溪山)은 특히 빼어난 묘사로 설악산의 면면을 잘 그려낸 수작으로 평가하고 싶다.

〈寒溪山설악 한계산〉

我從嶺東來
영동에서부터 오고 보니
奇觀所歷遠
기이한 경관 저 멀리 다 지났구나.
巑岏而浩洋

솟구쳐 오른 산, 드넓은 바다

牢籠一詩圈

한데 어우러져 시집 한 권에 담겨 있네.

寒溪雖在西

한계산은 비록 영서에 있으나

川源山脈相連混

강의 근원, 산의 맥은 서로 이어 있다네.

周遭毁堞何代城

둘러진 낡은 성터 어느 대에 쌓았을까

一條白練穿重鍵

흰 비단 한 줄기 물 암능 뚫고 흘러와

散爲百虹飮萬壑

흩어지며 온갖 무지개 되어

수만 구렁에 내리니

兩邊晴雷殷半巘

양편 계곡가 우레 소리 산허리까지 차오르네.

左右翠壁挾一水

좌우 푸른 절벽 물 한줄기 끼고 있는데

三十六渡巧往返

서른여섯 나루 이리저리

공교로이 건너게 하네.

樹木森聳傍無枝

나무숲은 곁가지도 없이 곧게 솟아

上戛雲霄爭偃蹇

하늘 위로 긴 창 겨루듯 거만하고

千仞南峯獨

천 길 남쪽 봉우리 홀로 서있어라.

一泓巖作齦

바위에 일렁이는 깊은 소 맑은 물

淸泉生仄罅

갈라져 기울어진 틈새 맑은 샘이 솟고

坡陀石爲阪

비탈진 돌은 언덕길이 되었네.

緣崖細蟒曲復斜

벼랑가 좁은 길, 뱀 같이 휘어지고

呀然竅穴迷混沌

입 벌린 동굴은 텅 비어

혼돈처럼 미혹하누나.

我行漸盡景不盡

내 갈 길 끝나는데 경치는 끝이 없어

西與江流同衰衰

서편으로 흐르는 강물

더불어 점점 작아지네.

欲待東嶺月全吐

동쪽 산마루 휘영청 달이 떠오르면

却向淸泠騎赤魚

신선인양 청령포로 가 붉은 잉어를 타고

隨波上下恣幽討

물결 따라 오르내리며 그윽한 곳 찾으면

局促不效窮途阮

아무리 곤궁해도 완적처럼
통곡하며 돌아서지는 않으리.

죽림칠현의 한 사람인 완적이 홀로 수레를 몰고 가다가 앞서 지나간 자취가 없자 울며 돌아섰다는 진서(晋書) 완적(阮籍)의 고사가 마지막 행에 나타난다. 설악 곳곳이 송계 선생에게는 무릉도원임을 완적에 빗대 자신은 아무리 궁하여도 돌아 서지 않고 정착하리라 말하고 있다.

이 시는 특히 앞서 이락정이 평한 대로 품격이 있으면서도 실질이 담겨 있다. '읽어 이를 맛보면 문 밖에 나가지 않고서도 산의 진상을 천리 먼 곳에서 얻을 수 있으니 그 풍광이 소매 속에 있다고 할 만하다' 고 말한 뜻이 헤아려지는 시이다.

- 덧붙여 -

송재 선생의 관동 작시에서 우선 이 고장과 밀접한 양양 관련 소재의 시 7편을 소개하였다. 미처 소개하지 못한 고성(간성) 관련 10여 편의 것은 후일에 다시 기회가 있으리라 본다.

번역의 근간은 송재 선생이 외조상이라고 밝히고 있는 당대의 박학 김형진에 의존한 바 이를 참조하여 독자들의 이해를 돕기 위하여 현대 국어로 번역하였으나 시역이 어눌하다. 이 고장에 살면서 익히 이 시편들이 묘사하는 풍경을 내 나름대로 물아경으로 접한 바가 더러 있어서 인지 번역이라기보다 다시 승경을 탐하는 기분이다. 그리하여 부족하나마 가능한 시흥을 살려 시역하려 애썼다. 어긋나는 점은 제현의 가르침을 구한다.

문객들의 시재(詩材)로 늘 사랑 받아온 영북 지역의 문예사에 특히 이 고장을 전아하고도 정교하게 그리고 정분 어린 시정으로 노래한 송재 선생의 시를 더하니 한결 넉넉한 느낌이 든다.

우리들의 선조가 또 동시대의 많은 시인 묵객들이 그리고 이제는 디지털 영상의 세계에까지 사랑을 받고 있는 천혜의 자연을 그리 많은 발품을 팔지 않더라도 가까이 할 수 있음이 행복하고 감사하다.

그리고 여기에 그치지 않고 반복되는 일상 한 가운데에서도 내 나름대로의 관찰법을 가지고 여유롭게 설악산과 바다를 바라보기를 스스로에게는 물론 모두에게 권하고 싶다. 그 어떤 것보다 값진 교훈을 얻을 수도 있을 것이요, 위안과 평화를 간직할 수 있을 것이다. 더욱이 자신만의 미학적 즐거움을 발견하고, 이를 오래 간직하며 늘 되새기는 평화가 있을 것이기 때문이다.

4

흐르는 강 흐르지 않는 물

우리 제례문화 다시 보기

① 몇 가지 단상

몇 해 전에 추석과 설날 풍경을 소재로 "명절의 사회 문화적 가치"를 논하는 글을 쓴 적이 있다. 요지는 매번 이천만여 명에서 삼천만여 명 내외로, 흡사 연어떼 회귀하듯 본능적인 귀성길에 들어서고, 이에 따른 소위 귀성교통전쟁이라 할 만큼 사회적 문제가 많고 시간적, 경제적인 손실이 크므로 연휴를 없애자는 의견이 있는데 이에 대해 쉽게 동의하고 싶지 않다는 거였다.

오히려 필자는 이삼백 년 뒤에도 공중 정체까지 빚어지는 귀성 전쟁이라는 표현이 살아있을 때 한국문화의 정체성에 대한 상징적인 한 단면이라도 살아있다 여기고 나의 영혼은 기쁠 것이라 했다. 어느 명절, 마을에서 가장 일찍 불 끄는 창을 지닌 부모님이 되게 한다는 것은 편의주의 관행에 물이 든 자식들의 더없는 불효요, 스스로의 욕됨이라 했다. 효행은 외로움을 덜어주는 아주 작은 기쁨에서부터 있고 명절 문화의 계승은 봉건시대로의 회귀가 아니라 휴머니즘 그 자체라는 거였다. 덧붙여 한 나라의 문화는 그 민족의 정체성을 올곧게 간직하는 일이며 더욱이 경제적 잣대로 저울질하여 존폐를 논한다는 것은 있을 수 없다는 내용이 대강이다 하였다.

우리는 알게 모르게 서구화된 의식과 문화의 영향을 받고 있다. 젊은

이들은 더욱 그러하다. 우리 문화에 대하여 그저 회귀적인 기성 의식이나 국수주의적 보수 정도로 여기는 철없는 시각도 있는 게 사실이다.

아무리 세상이 변하고 인심이 말랐다 하나, 아직 명절 때면 온 동네가 한 가족처럼 반기고 즐긴다. 평화와 사랑이, 집집마다 골목마다 동리마다 넘쳐흐른다. 차례를 지내고 이웃 어른도 찾아뵙는다. 동창도 만나고 일가친지에게 문안 인사도 한다. 거기에는 회귀 본능보다 훨씬 원형적인 우리 문화의 유전인자가 존재한다.

그런대로 아직 명절은 복잡한 문명 생활과 찌든 사회생활에 일정한 휴식기를 제공하는 기능까지 지니고 있어, 잘 지켜지고 보존되고 있는 셈이다. 그렇게 보면 명절은 생활문화의 원형을 더 이상 손실되지 않게 하는 마지막 보루의 역할을 하고 있는 셈이다.

그러면 손실되고 있는 수많은 우리 생활 문화 중 그 가치를 재인식할 필요가 있는 것은 무엇일까? 그것들 중에서 가장 우선순위에 두고 소중히 보존해야할 문화는 어떤 문화일까? 여기에서 필자는 우리의 제례문화를 단연 으뜸으로 여긴다. 왜냐면 우리의 제례 문화는 그 가치나 진정한 의미를 검증 받기 전에, 미신이다, 가정의례 준칙으로 정비되어야 할 허례다, 구태의연한 양반 상놈 하는 문화의 잔재다 하는 오해가 많았고, 핵가족화에 영향을 많이 받아 점차 소홀히 하는 문화가 되고 있기 때문이다. 이 글도 고리삭은 문화 운운하는 것쯤으로 여겨질지 모르겠다. 그러나 진정 그 가치를 탐구하여 알고 나면 소중하지 아니한 것이 없는 만큼 우리는 후세에게 적어도 우리 문화에 대하여 편견 없는 실체를 일러줄 의무가 있다 하겠다.

② 제사의 현대적 가치

(1) 조상이 베푸는 것은 도깨비보다 한 수 아래다.

제사는 왜 지내는 걸까?

제의를 서양적 관점에서 동양문화를 해석할 때 다분히 주술적 기능을 많이 내포하고 있어 우리의 조상 제례 또한, 근대에 들어와서 그렇게 오해된 적이 많았다. 한국의 조상 제례는 샤머니즘이나 토템 또는 우상신에 대한 제례와 성격 자체가 다르다. 우상 신과 조상신의 근본적 차이는 기적을 수행하는 능력에서부터 다르기 때문이다. 우상신은 기적을 일으키지만 우리 조상신은 조물주와 같은 기적을 행하는 능력이 없다. 조상신이 내리는 복이란 후손들의 인과에 의한 발복이지 숭배에 의한 기적의 부여가 아닌 것이다.

우리나라 설화에서 기적을 행하는 부분은 모두, 조상이 아닌 신의 영역으로 행한다. 말하자면 무에서 유를 만들어주는 것은 산신령이나 옥황상제 또는 용왕 등이다. 하다못해 도깨비라도 뚝딱 금은보화를 쏟게 하지만 우리 조상신은 그럴 능력이 없다. 그러기에 흔히 대하는 이야기 중의 하나가 현몽을 통한 사건들이다. 가령 꿈에 나타나 산삼 있는 곳이나 알려 주는 따위다. 없는 산삼을 만들어 내는 기적이 아니다. 인간이 최선을 다하면 얻는 범주 또는 개연성이 있는 신적 능력을 보여 줄 뿐이다. 그러므로 조상 제례는 우상숭배가 아니요 기적적인 발복에서 행하여 지는 것이 아니다.

그렇다면 조상에 대한 제사는 어떠한 행위인가? 인간은 애초 신으로부터 혼을 받았지만 그 혼은 부모의 몸에서 길러져 생명이 되어 탄생하고 양육되었다. 따라서 나를 낳으신 부모와 또 그 위의 부모에게 감사하고 은혜를 되새기는 보본감은(報本感恩)의 사상에서 비롯된다. 말하자면 공경하고 봉양하고자 하는 효사상에서 비롯된 것이다. 이것은 우리 민족의 휴머니즘의 출발이요 근본이었다. 이십여 년 전부터 천주교에서는 이러한 조상 제례를 미풍으로 인정하고 있다 한다. 기독교에서도 단선적인 배격화에서 벗어나 추도식이나 기도조찬 등 고유성과 종교적 의례가 융합된 형태로 의례화 되고 있다. 이 모두 전통 문화의 바른 이해와 참된 해석의 결과로 나타난 바람직한 예라 하겠다.

(2) 6촌이 거의 사라진다

그러한 제사도 옛날과 같지 아니하다. 전통문화에 대한 인식과 전승이 소홀해지고 편의주의에 의해 잘못 변형되고 사라지고 있는 처지이다. 제사란 전통계승적인 문화로만 가치가 있는 것이 아니다.

현대적인 의미에서도 제사가 제공하는 시간과 공간의 가치는 매우 크다.

요즘 고등학생이나 대학생들에게 6촌 형제의 이름을 다 알거나 안면 있는 친분을 지니고 있는 지를 알아보면 의외로 심각하다. 매년 계촌법 강의를 하면서 알아보면, 해마다 그 수가 늘어 4, 5년 전 50% 내외에서 이제는 85% 내외의 학생이 6촌 형제가 있음에도 그들을 모른다. 증조부의 직계 자손끼리 안면조차 없다. 소위 50년대 사변동이들은 그 자손들에게 어떠한 문화유산의 가치와 가문 정신을 물려주고 있는 지를 곰곰이 돌아볼 때가 된 것이다.

현대에서 드물게 행하는 시제나 묘제 등을 제외한 최소한의 제례 참여가 존중되었더라도 그 6촌 형제자매는 증조부와 증조모의 기제사, 설날과 추석 차례로써 일년에 네 번은 상봉했을 것이다. 사촌이라면 조부, 조모까지 6번은 만날 것이다. 만약 서로 떨어진 원거리라면 적어도 일년에 한두번 정도는 가능한 일이기에 무성의와 게으름에 원인이 있는 것이지 달리 이유가 있다면 궁핍할 것이다.

제사는 근본적으로는 보본감은(報本感恩)의 의식에서 행해지는 하나의 의례이지만, 이외에도 사회적 의미나 가족사에서도 실로 그 의의는 컸던 것이다.

(3) 가문의식을 키우는 교육의 장이었다

제사의 가치는 이렇게 제사라는 매개를 통해 혈연을 확인하고 가족 공동체의 유대와 존속을 유지해 나가는 것이 그 첫째가 된다.

지금은 핵가족화 되어 친족이 많지 아니하다. 그럴수록 친족 유대는 귀한 가치를 지닌다. 물질에 종속화 되고 있는 현대 사회에서의 가족의 유대는 사회로부터의 소외를 차단하는 것이요, 인간애를 확산시키는 일이다.

둘째, 제사를 계기로 해서 장자를 중심으로 하는 문중질서(門中秩序)와 교류단결(交流團結)을 확립하는 자리이기도 하다.

이것이 때로 일시 배타적인 현상으로 나타난 바 있으나 문중화목(門中和睦)과 상부상조(相扶相助)라는 내적인 가치로 발전한 바가 오히려 크다 하겠다. 우리 사회에서, 어린 종손이지만 종부를 중심으로 한 가문 지도자로서 그 권위가 존중되고 종가(宗家)를 구심점으로 합치(合致)되는 모습을 아직은 많이 볼 수 있다. 또 제사가 든 날 친지가 모여 서로 어려움을 토로하고 도와주는 계기가 마련될 뿐만 아니라 위선사업(爲先事業: 가문과 선조를 위한 사업)을 공동으로 모색하는 동기가 되는 자리이기도 했다.

셋째, 가문의식(家門意識)과 조상보우(祖上保佑)의 의식이 생성되고 정립되는 자리였다.

자정이 될 때까지 아녀자는 아녀자끼리, 사랑에서는 남자끼리 친지 얘기와 살아가는 얘기로 이야기꽃을 피운다. 거기에는 매년 반복되는 웃어른의 조상 자랑은 빠지지 않는 단골 이야기보따리다. 졸면서 지루해 하면서 때로는 총총한 눈빛으로 행적과 일화를 들으면서 자기도 모르게 가문에 대한 긍지와 자부심이 형성되어 간다. 긍정적인 가문의식(家門意識)이 자리잡음으로써 가문의 명예를 존중할 줄 알게 되는 것이다. 절대 올바른 가문의식은 배타성을 전제로 하지 않는다. 다만 자신의 가문에 대한 경애(敬愛)이며 이로 인한 타인에 대한 존중의 예(禮)가 존재할 뿐이다.

또한 조상보우는 이러한 의무와 책무를 지킬 줄 아는 자에게 있는 것이었다. 따라서 조상은 무조건 도움을 주는 것이 아니라 '지켜보는 존재' 이니 스스로 경계하고 자정할 수밖에 없었던 것이다. 이는 사회생활에서 바른 인간 생활을 영위케 하였고 견인차가 되게 하였다. 이것이 나아가 나라의 발전에 이바지하게 되고 그것은 훌륭한 유품으로 또 계승되어 가문의 영예로 이어졌던 것이다.

넷째, 제사는 우리 문화의 정체성을 유지하고 계승시키는 역할을 한다. 우리의 사상과 생활이 고스란히 담겨 있는 수 천 년 전통의 문화유산이다. 그것을 우리 세대는 잘 보존하고 계승 발전시켜야 할 책무가 있는 것이다.

③ 알고 보면 뜻이 있는 제례 의식

우리의 제례는 비록 《주자가례》가 기준이 되어 정립되었다 하더라도 어디까지나 우리 생활 문화가 융합되어 있다. 좋은 예로 차례(茶禮)를 들 수 있겠다. 차례의 어원은 여럿 해석되나 "차(茶)를 올리는 예(禮)"로 사전적인 풀이 할 수 있겠는데, 중국에서는 보름날 사당 참례(參禮)를 행할 때 차(茶)를 올리므로 이와 관련된 어원을 우선 생각해 볼 수 있겠다. 그러나 보편적으로 자연수가 좋았던 우리나라는 생수를 데우는 정도였던 숭늉이면 그만이었으므로 실제로 차를 올리지는 않는다. 제사 말미에 진다(進茶)라 하여 차를 올리는 순서가 있는데 우리나라는 일반적으로 차대신 숭늉을 올린다. 국을 내보내고 물을 올리면서 밥을 조금씩 세 번 말아 놓는데 이는 숭늉을 뜻하는 우리 민습이 반영된 것이다.

우리 문화에 대하여 옛날과 같이 맹목적인 계승을 강요해서는 아니 된다. "그래왔으니까 그렇게 해야 돼. 그게 전통이야"하는 방식은 이제는 곤란하다. 우리 문화의 바른 이해를 바탕으로 그 가치나 의미를 일깨워 주면 왜곡되거나 소홀하지 않게 전승될 것이며, 한층 창조적인 발전을 할 것이다. 요즘 젊은 세대는 무조건적인 답습을 거부하는 경향이 있고 합리적으로 판단하려는 사고가 강하기 때문이다.

한편, 매우 경계해야 할 점은 전통이라면 고루한, 비합리적인, 더 나아가 현대사회와 국제화로의 발전에 저해되는 폐단쯤으로 인식하는 태도이다. 정작 그렇게 보는 이들이 추종하다시피 하는 서구는 자기네의 전통을 자랑스럽게 고수하고 세계화된 문화상품으로까지 수출하고 발전시키는데 말이다.

앞서 제사의 현대적 기능과 의의를 살펴본 바와 같이 기적을 바라는 발복이 아닌 보본감은(報本感恩)의 효행의 하나인 제사가 주는 공간적 시간적 의미를 새기면 참으로 훌륭한 문화유산임을 재인식하게 된다. 이와 더불어 잘못 알고 있었던 몇 가지 사실도 알고 나면 더욱 그러한 생각이 들 것이다.

(1) 제사는 왜 자정에 지내나?

차례는 명절제로 아침에 지낸다. 밝으니 제사상에 촉대(燭臺)를 두지 않는다. 돌아가신 날 지내는 기제사(忌祭祀)는 자정에 지내니 촛불을 켠다. 이 또한 현실적인 의례임을 알 수 있다.

사실 제사는 첫닭이 울기 전에 지내면 되므로 자정 정각에 지내지 않아도 된다. 다만 공경정성(恭敬精誠)의 태도 때문에 자정 정각(현대 시각으로 24:00)이 되면 지내는 것이다. 다시 말하면 정성의 극치에서 나온 것이다. 만약, 저녁에 지낸다면 어떨까? 출근해서 돌아오면 피곤하다. 하루 종일 보기 좋지 않은 것도 볼 수 있다. 또 거슬리는 얘기도 듣겠고 말하기도 할 것이며, 자신이 요기할 것은 다 할 것이다. 그런 후에 조상을 대접한다는 것은 정성스럽지 못하다. 따라서 가장 정갈한 몸과 마음으로 조상님부터 맞이하려 하다보니 돌아가신 첫시각에 봉행하게 된 것이다. 어찌 공경과 정성의 극치라 하지 않을 수 있겠는가?

농경 생활과는 달리 현대 직장 생활에서는 자정에 지내는 것이 불편하기도 하다. 보통 시간을 앞 당겨 늦은 저녁 정도에 지내고 내일을 위함도 현실적으로 타당성이 있다. 생활에 불편함을 주는 전통은 현실화할 필요도 있다. 그러나 한번쯤, 정신적 가치가 충분한 것은 의도적으로 준수하여 그 문화를 유지시킬 필요도 있다.

만약 어쩔 수 없는 사정으로 인하여 저녁에 제사를 모신다면, 유념해야할 것은 자칫 기일 전날(입제일, 入祭日)에 지내는 것은 아닌 지 알아보아야 할 것이다. 기제사는 돌아가신 날, 즉 기일(파제일, 罷祭日)에 지내야 하므로, 당겨서 지낸다는 것이 그만 돌아가시기 전날 곧, 살아 계셨던 날에 제사를 지내는 격이니 이는 불경이라 하겠다. 요즘 흔히 대하는 오류이기도 하므로 기일을 잘 따져 알아보고 봉행해야 할 것이다. 그러나 편리함을 추구하여 자정 제사를 기피해서는 아니 될 것이다. 정성의 옛 뜻도 새기고 가족이 모여 오순도순 부족한 대화도 나누고, 가문의

업적이나 뿌리를 알아보는 2세 교육과 더불어 화목한 시간을 보낼 수 있는 그만한 가족 행사도 없을 것이다.

(2) 여자는 제사에 참석 못한다?

결론적으로 옛 문헌이나 가르침에 여자가 제사에 불참한다는 사실은 없다. 전통이 왜곡된 대표적인 사례이다. 기제사의 경우 장자의 첫잔 드리기(초헌) 후, 둘째잔 드리기인 아헌(亞獻)은 맏며느리가 드리는 잔이므로 오히려 위상을 인정하고 있다. 부부공제(夫婦共祭)가 예로부터 올바른 전통이었다.

그렇다면 왜 잘못 알려졌을까? 원형적 의미는 사라지고 현상만 남아 잘못 전승되고 해석되어졌기 때문이다. 퇴계 이황 선생의 말씀에 의거하여 그 과정을 유추해 볼 수 있다. 퇴계 선생은 경(敬)을 매우 중요시한 성리학자이니만큼 예를 소중하게 여겼는데 형식적인 예를 배격한 분이기도 하다. 그는 "제수를 마련하는데 분주하여 부엌에 있다하더라도 제사에 참여한 것과 마찬가지이니 편한 대로 하라" 한 바 있는데 이는 번거로움을 감안하고 정성에 초점을 둔 가르침이었다. 그런데 언젠가 이러한 의미는 잊혀지고 점차 여자가 참여하지 않은 현상만 남아 "여자는 제사에 참석하지 않더라"라고만 해석하여 잘못 전승되어진 것이다.

(3) 여자는 왜 4번 절할까?

제례에서 남자는 2번 절하지만 여자는 4번 절한다. 간혹 이를 두고 남녀불평등 차원으로 이해하는 젊은이들이 있다. 절의 수는 성리학의 음양(陰陽) 원리에 따른 것일 뿐이다. 남녀로 볼 때 남자는 양(홀수)이며, 여자는 음(짝수)이다. 그리고 조상은 이승에 있지 아니하니 음(짝

수)이다. 그러하니 남자는 양(1)이 음(2)에에 배례하니 2가 되는 것이고 여자는 음(2)이 음(2)에게 배례하는 것이니 4가 되는 것이다.

과거에는 음양의 원리가 생활 전반에 영향을 준 사상이니 일리 있는 일이었다. 현대에는 사라진 것으로 보여져 굳이 지키지 아니하여도 무방하다. 그러나 그러한 전통의 의미를 바로 새겨 알아보지 않고 스스로 가치를 평가 절하하는 일은 없어야 한다.

(4) 의미를 부여하기 좋아한 조상의 지혜

제사상에 올리는 것은 대개 의미를 지니고 있다. 우리 선조들은 사물 하나에도 생명 또는 의미를 부여하기를 좋아한 모양이다. 고대로부터 우리 민족이 지녀온 만물상생(萬物相生)의 정신은, 비생명체까지도 애정과 의인(擬人) 의식으로 대하는 매우 훌륭한 사상이다.

제사상에 울리는 과일에도 다 뜻을 두었는데 사실에 근거하는지는 확실치 않지만, 우리나라에서 흔히 나는 천산물에 뜻있는 의미를 역으로 붙인 것이 아닌가 한다. 아무튼 과일의 의미를 아이들에게 일러주면서 상차림(진설)해 보는 것 또한 의미 있는 일이겠다.

- 대추(조, 棗): 자손의 번창함을 뜻한다고 한다. 암수 한 몸의 나무이고 꽃이 핀 곳에 반드시 주렁주렁 열매가 맺혀 풍성하니 다산(多産)을 상징할 만하다. 또 일설에는 씨가 하나인 통씨라서 절개를 뜻하거나 한 혈통을 의미한다 하기도 한다. 민속적으로는 사악함도 제거하는 기능이 있다.
- 밤(율, 栗): 밤나무는 다 자라고 난 뒤에도 뿌리에 그 씨를 매달고 있다 한다. 처음 싹을 틔웠던 밤톨이 그대로 남아있으니 자신의 뿌리를 잊지 않고 근본에 대한 은혜를 간직하라는 의미가 있다는 것이다.

· 배(이, 梨): 오행에서 황색은 우주의 중심을 나타내고 있고 배의 속살이 밝고 희므로 배달, 백의 민족을 뜻하는 것이라는 설이 있다.

· 감(시, 枾): 감이 열린 감나무는 나무 중심에 검은 신이 있지만, 열매가 한번도 열리지 않은 나무를 베어 보면 속에 검은 신이 없으므로, 자식 양육의 고통을 상징한다 한다. 속이 다 탄다는 말이 있듯 자식을 기르는 부모의 고생이 이러하니 '은혜를 잊지 말라' 라는 의미가 있다 하겠다.

그 외에도 가문에 따라 달리 해석하는 경우도 있다. 어느 가문은 씨의 수로 보아 의미를 찾기도 한다. 대추는 씨가 하나이자 열매에 비해 그 씨가 크므로 왕을 상징하고, 밤은 한 송이에 씨알이 세 톨이니 삼정승을, 배는 씨가 6개로 육판서를, 감은 씨가 8개이니 여덟 방백(方伯, 관찰사)을 의미한다고 풀이한다.

또 빠지지 않는 제수로 포가 있는데 명태(북어포)는 동해안 북쪽(북망산천)에 있는 어물이고 알도 많아 자손이 홍성하기를 바라는 마음에서 쓴다 하기도 하며, 조기는 서해안에서 나는 대표적인 어물이고 예전부터 비린내 없는 생선의 으뜸으로 생각하여 왔기 때문에 제상에 귀하게 올리는 제수 품목으로 여겨 왔다.

근거가 어떠하든 사물 하나라도 대수롭게 여기지 않고 의의를 두었던 선조의 지혜를 보는 듯하다.

덧붙여 알아둘 것은 모사(茅沙) 그릇은 산소 형상을 본뜬 상징적인 제구라는 점이다. 흔히 향을, 혼령을 모셔오는 수단으로 여기지만 절이나 성당에서 보듯 경건한 분위기를 연출하고 정갈한 환경을 조성하려한 것뿐이다. 제사 처음에 행하는 신령내림 즉 강신(降神)이라는 절차(홀기, 笏記)가 있다. 집사가 잔에 술을 따르면, 제주는 술을 세 번 나누어 모사(茅沙: 깨끗한 흙이나 모래 위에 풀을 묶어 꽂은 그릇)위에 잔을 비우고 제주는 두 번 절하고 물러서는데 이것이 혼령을 모시는 것이지 향을 피움으로써 모시는 것은 아니다. 모사 그릇에 흙이 있고 풀이 있는 이유가 산소를 모방한 때문이다. 여기에 술을 붓는 것은 '제를 올리니 산소에서 나오셔서 지방(또는 신주나 영정)이 있는 자리로 오십시오.' 라는 뜻인 셈이다.

④ 생활과 같은 원리의 상차리기와 제례 순서

우리는 흔히, 제사 상차림(진설)과 절차(홀기)는 번거롭고 어렵다라고 인식하고 있다. 또 허례허식의 요소가 많은 의식으로 오해하기도 한다.

제사의 근본적인 자세는,

첫째, '살아 계시듯 정성껏 모심' 이며 (공경정성, 恭敬精誠)

둘째, '분수에 맞게' 가문의 관습을 중요시 여기며(분수가가례, 分數家家禮)

셋째, '실생활' 에 근거를 둔다.

먼 타지에 계시다가 일년 만에 오시는 아버지나 할아버지가 계신다고 가정해보면 쉽게 이해된다. 아마 제대로 된 집안이라면, 집안을 깨끗이 하고 그날 가족들은 깔끔한 옷차림으로, 정성이 깃든 맛있는 음식으로 온 가족이 할아버지를 맞이할 것이다. 바로 마음과 몸을 깨끗이 하는 심신재계(心身齊戒)가 그것이요, 공경정성(恭敬精誠)이라 할 것이다.

예전에는 제사가 들면 각자의 집에서 제계(散齋)한 후 제주 집에서 3일전(致祭)에 모여 준비하되 고기, 술, 합방을 금하고, 하루 전(入祭)에는 특히 근신하였다. 시대가 변하여 그러하지 못함은 당연하나 그러한 마음가짐만은 본받아야 할 것이다. 설화에서 '개고기를 쓰는 집', '혈육군자라 하여 생고기를 쓰는 종가', '좌포우혜 아닌 우포를 쓰는 집', '밥 한 그릇, 물 한 그릇의 제사', '무덤가에서 들은 며느리의 부정 탄 제사' 등의 이야기는 집집마다 그 가문의 풍습을 중요시 여겨 제례의 기준으로 삼고, 분수에 맞게 정성껏 하라 라는 융통성과 실용적 지혜를 엿볼 수 있는 대목이다.

복잡하다 여기는 제사상 차림도 가가례(家家禮)이므로 가문마다 조금씩 다를 수 있지만, 대체로 근본은 산 자의 생활 원리로 이루어져 있다.

우선 상차림(진설)에서 앞뒤 줄을 보면, 우리의 현재 식탁 차림과 같은 상차림임을 알 수 있다. 이율곡 선생의 격몽요결에 따라 배치해보면, 줄로는 5열인데 다음과 같이 생각하면 쉽게 이해 된다. (신주 쪽을 1열로 보면) 1열은 밥과 국(술잔, 수저), 2열은 가장 맛있고 귀한 것(고기류, 특별식), 3열은 가운데 두는 찌개 (제사는 탕), 4열은 식사 반찬(나물, 김치, 간장 등), 5열에는 후식(과일과 다과)을 두는데 우리네 식탁 차림 순서와 같다.

다음으로 좌우인데 단 하나의 원칙을 기억하면 쉽게 이해할 수 있다. 곧 '습동건서(濕東乾西)' 또는 '습우건좌(濕右乾左)' 곧 젖은 것은 동쪽(후손 쪽에서 오른 쪽), 마른 것은 서쪽(왼쪽)이라는 것이다. 원래 건동습서이지만 이는 신주(조상의 자리)를 기준으로 보는 것이니 쉽게 이해하기 위해서 제사 올리는 이(제주) 위치에서의 상차림으로 말한 것이다. 이것만 알면 굳이 어려운 한자 숙어로 음식(제수) 위치를 다 외우지 않아도 상차림을 할 수가 있다.

가령, 1열의 반서갱동(飯西羹東)의 경우 밥(메)은 왼쪽에 국(갱)은 오른쪽에 두라는 것인데 국이 밥보다 습한 것이므로 오른쪽(습동 또는 습우)에 두면 되는 것이다. 또 2열의 어동육서(魚東肉西: 어류는 동쪽에 고기는 서쪽에 둔다)에서 어류는 육지 고기보다 습하므로 동쪽 곧 오른쪽에 두는 것으로 이해하면 쉽다. 3열의 탕도 2열의 원리로 두면 되고, 4열의 원리인 좌포우혜(左脯右醯: 포는 좌측에 식혜는 우측에 둔다)도 식혜가 습한 것이므로 습동(습우)으로 두면 되는 것이다. 또 생동숙서(生東熟西: 물김치 같이 익히지 않은 것은 동쪽에, 익힌 나물은 서쪽에 둔다)도 물김치가 익힌 나물보다 습한 것임을 알면 어디에 두어야 한다는 것은 쉽게 알 수 있을 것이다. 다만 5열의 과일은 조율이시(棗栗梨柿- 대추, 밤, 배, 감)와 같이 씨의 숫자 차례로, 또는 홍동백서(紅東白西-밤, 배, 감, 대추)와 같이 색채의 순서로 놓아 일종의 질서를 추구한 셈이다.

이렇듯 일정한 원칙이 있음을 알면 복잡한 상차림이 아님을 알 수 있다.

제사 지내는 순서도 앞서 말한 바와 같이 먼 타지에 계시다가 일 년만에 오시는 아버지나 할아버지를 모신다고 생각하면 그 순서가 같음을 알 수 있다.

① 자리를 펴드린다. (신주나 지방 봉안) - 出主(출주)

② 여기 오셔서 앉으십시오. (장남 대표 인사, 신내리기) - 降神(강신)

③ 모두 인사드리겠습니다. (합동 참배) - 參神(참신)

④ 진짓상을 차립니다. (더운 음식 올리기) - 進饌(진찬)

⑤ 먼저 반주 한 잔 드시고 맛있는 안주도 드셔 보세요. (술 드리기) - 獻爵(헌작)

⑥ 이제 진지 드십시오. 저희가 보고 있으면 불편하실 테니 자실 동안 저희는 잠시 물러날 테니 편히 드십시오. (식사 권유, 엎드려 있거나 바깥으로 나가 있음) - 侑食(유식) 및 闔門(합문)

⑦ 다 드셨군요. 수저를 걷겠습니다(수저걷기) - 落箸(낙저)

⑧ 숭늉 드십시오. (숭늉 올리기) - 進茶(진다)

⑨ 그럼 안녕히 가십시오. (합동 작별 인사) - 辭神(사신)

⑩ 자리를 걷고(신주 들여 모시거나 지방은 소각) - 徹(철), 納主(납주) 또는 焚祝(분축)

⑪ 조상이 답례로 음식에 넣어둔 작은 복을 나눈다. - 飮福(음복)

5 '고맙습니다' 라는 우리 문화

이상으로 점차 그 가치를 상실해 가는 제례 문화에 대한 바른 이해를 위해 여러 면면을 살펴보았다. 제례는 감사하고 은혜를 되새기는 보본감은(報本感恩)의 사상, 곧 공경하고 봉양하고자 하는 효(孝) 사상에서 비롯된 것임을 앞서 강조하였다. 우리 민족은 자신의 존재에 대해 하늘과 국가, 그리고 이웃과 부모에게 감사드리는데 인색하지 않았고 깊이 의식화되어, 융의 이론대로 민족의 집단 무의식으로 유전되어 왔다. 제례는 이러한 감사와 보답의 표현적 행위인 것이다.

몇 년 전 추석 때의 일이다. 필자에게는 한국인의 원형적인 정신이 남아 있음을 깨우치게 한 일이 있었다. 추석 전 날, 모친과 옆집 우물댁 안어른과 농협에서 추석 찬거리와 잡화 몇 가지를 사서 돌아오던 중이었다. 농협에서 집으로 오는 중간에 동네 버스정류장이 있었다. 완행이나 직행버스가 서면 귀성하는 이들이 한 무리로 내렸고, 마중을 오거나 지나가던 고향 사람들은 서로 인사가 바빴다. 으레 두 노모도 발길을 멈추고 저 사람은 누구네 새댁이고 손주고, 누구네의 누구를 거듭하다가 어느 중년의 가족을 보고는 매우 놀라워하며, 들고 있던 짐마저 내려놓고는 바삐 반기는 것이었다.

"아이고 고맙니더, 고맙니더. 우에 이렇게 고마울 수가"

누가 먼저라고도 할 것 없이 두 안어른은 그 중년의 두 손을 덥석 잡고는 더없이 기쁘게 반겼다.

'아, 어떤 고마운 일을 우리집과 옆집에 해 준 분인 모양이구나.' 생각을 하며 나도 다가갔다. 가까이 가보니 큰형보다 두서너 살 위인 이웃 형이었다.

"몰라보겠네. 20년이 다 되었군, 참 반갑네."

"그러네요. 반갑습니다. 형님."

집으로 돌아와 생각해보니 고맙다고 한 일이 궁금했다.

"아까 그 형에게 신세진 일이 있어요? 연신 고맙다고 해서요."

모친은 도리어 묻는 게 이상하다는 듯이 대답하신다.

"고맙지야, 암에 걸려 죽을 동하다가 한 십년 만에 고향에 왔데이. 병 나아 고향에 오니 고맙지. 안 죽고 살았으니 고맙지 안 그러나?"

아, 이것이었구나 했다. 내 자식도 아닌 사람을 그것도 '반갑다' 가 아닌 '고맙다' 로 승화된 인정미가 우리의 원형적 민족성이었음을 새삼 깨달았던 것이다. 말하자면 아직 사라지지 않은 우리 민족의 정신문화의 뿌리를 본 것이다. 유교이념으로 정착하기 전부터 우리 민족은 '仁' (사람 인 + 둘 이 = 우리)의 민족이었다. 오천 년 이상 간직해 온 '함께, 더불어 있는 사람' , 아니 '너를 나처럼 여기는' 민족정신의 유전인자를 대했던 기쁨과 감동을 나는 아직 잊을 수가 없다.

과연 이러한 깨달음이 학교 교육을 통해 이루어질까? 세계화로 경도된 지금의 생활에서, 어떤 기회를 통해서 우리 문화에 대한 무형의 가치를 알 수 있을까? 제례문화의 진정한 가치도 이 글로써 일깨우기에는 턱없다. 오히려 이삼 년에 한번이라도 가족들과 함께 큰집이나 당숙 어른

댁에 들러 중조부 기제사에 참석해보면 남다른 문화 교육이 될 터이고, 더 없는 가정교육이 될 것임에 틀림이 없을 것이다.

한국인(韓國人)의 계촌법(系寸法)과 예절

우리 겨레는 예로부터 타민족보다 단일민족임을 자랑스럽게 여겨왔다. 이는 혈연을 바탕으로 한 의식이다. 가통(家統)을 중요시하는 가문정신의 긍지는, 크게는 한 핏줄의 민족임을 자각하는 동족의식의 출발점이기도 하며 작게는 본관(本貫. 또는 貫鄕)을 중심으로 일가(一家)의 정을 나누는 기틀이 되기도 한다. 그리하여 세계 문화인류학사에 빛나는 족보(族譜) 문화를 일찍이 성립시켜왔다. 한편 이러한 가문 인식체계는 과학적인 계촌법(또는 寸禮法)을 창출하였고 다른 언어에서도 보기 드문 친척명칭(親戚名稱) 언어를 발달시켰다.

훔볼트(W.v.Humboldt)는, '민족성은 언어구조 속에 반영되므로 한 나라의 언어는 특정한 민족정신의 발산이며, 그 민족이 세계를 바라보는 고유하고도 독자적인 세계관의 표현' 이라고 하였다. 이러한 관점에서 볼 때 한국의 가족체계는 가문의 유대와 질서 그리고 자애(慈愛)의 정신이 담긴 친족 명칭어를 발달시켰다 볼 수 있다.

점차 농경 중심 사회에서 산업사회로, 대가족 사회에서 핵가족 사회로, 산아제한 가족계획 및 의식의 서구화로 인하여 이제는 가문의 대동성(大同性)이 예전과 같지 아니한 환경이지만 일가나 친척의 교류마저 끊어지는 것은 실로 안타까운 일이 아닐 수 없다. 가문정신과 숭조사상(崇祖思想)은 낡은 유물이 아니라 현대사회에서 새롭게 인식하고 해석하여야 할 값진 전통이다. 효(孝), 경(敬), 예(禮), 상부상조(相扶相助)의 바탕이 가문에서부터 그 뿌리가 길러지고, 삼가고 심신을 돈독히 하여 명예를 지키고자 하는 태도 또한 여기에서 싹이 튼다 할 것이다.

여기서는 우리의 계촌법과 호칭 · 지칭어에 관하여 살펴보고자 하는 것은 이러한 의미에서이며, 친척 간에 바른 우리말의 예절을 지니고자 함이다.

(1) 친척의 의미와 촌수

일반적으로 친척(親戚)이라 함은 아버지를 중심으로 한 친족(親族)과 어머니와 처를 중심으로 한 척족(戚族)을 일컫는 말이다. 곧 혈연과 혼인을 기초로 한 인간관계이다.

법률상(민법777조)으로는 친족의 범위를 8촌 이내의 부계혈족(친족 또는 종족), 4촌 이내의 모계혈족(외족), 배우자와 처의 부모 (인척. 姻戚), 그리고 남편의 8촌 이내의 부계혈족과 4촌 이내의 모계혈족으로 규정하고 있다.

그런데 모든 친족의 관계는 직계친(直系親)과 방계친(傍系親), 존속친(尊屬親)과 비속친(卑屬親)으로 구분된다.

부모, 자녀, 손자 등과 같이 혈통이 직상직하(直上直下)로 연결되면 직계친이며, 형제자매, 백숙부, 종형제자매, 조카 등과 같이 혈통이 공동시조에 의하여 갈라져서 연결되면 방계친이라 한다.

항렬(行列)에 따라서는 부모 및 부모와 같은 항렬 이상에 속하면 존속친, 자녀 및 자녀와 같은 항렬 이하에 속하면 비속친이라 한다. 그러므로 흔히 직계 존비속이라 함은 조부모, 부모, 자녀, 손자를 일컫는 것이다.

촌수(寸數)는 자기와 친척간의 관계를 수(數)로 나타낸 것이다. 숫자가 적을수록 가까운 사이임을 나타낸다. 부부지간은 무촌(無村)이며, 이는 타인끼리 만나 가장 가까운 일심동체를 이룬 존재이기도 하면서, 정이 멀어지면 남남이 될 수 있다는 교훈이 담겨져 있는듯싶다. 부자지간은 1촌이며 형제지간은 2촌이다. 조손지간(祖孫之間)도 2촌인데 직계에서는 계촌하지 아니하므로 존속의 경우 '대(代)' 라 하고, 비속의 경우 '세(世)' 라 한다. 예를 들어 할아버지는 나의 2대조(二代祖),증조는 3대조(三代祖)가 되며, 그리고 나는 할아버지의 3세손(三世孫), 증조의 4세손(四世孫)이 된다. 흔히 '저는 ㅇㅇ파 23대손입니다' 라고 말하는 것은 잘못 말한 것으로 나는 ㅇㅇ파의 비속이므로 '-세손' 으로 고쳐야 옳다. 이를테면 고조할아버지는 나의 4대조 할아버지가 되고, 나는 고조할아버지의 5세손이 되는 것이다.

촌수를 따지는 방법은 직계존속의 공동시조까지 거슬러 올라가면서 1대마다 1촌씩 더한 수에 대상자까지 내려오면서 1世마다 1村씩 더한 수의 합이 촌수 관계이다. 예를 들어 당숙의 손자라면 '아버지 - 조부- 증조부(공동시조) - 종조부 - 당숙 - 당숙의 아들(재종형제) - 당숙의 손자(재종조카)' 에 이르기까지 모두 7단계를 거치므로 7촌이 된다.

치촌(置村)에 있어서 4-5촌은 종(從), 6-7촌은 재종(再從), 8-9촌은 삼종(三從)관계인데 자세한 내용은 계촌법의 도표를 참고하기 바란다.

(2) 친척 간의 위계와 호칭. 지칭어

친척은 예로부터 당내간(堂內間)이라고 하여 한 집안 식구로서 고락을 같이 하였다. 죽은 후 에도 유복지친(有服之親)이라 하여 상복을 입는 각별한 인간관계를 지닌다.

이러한 친척간의 위계는 윗세대는 부모를 대하듯 공경하며 아랫세대는 자식과 동일하게 아끼고 사랑하였다. 동등세대는 짝수 촌수(4촌 형제, 6촌 형제, 8촌 형제 등)이며, 윗세대나 아랫세대는 홀수 촌수(삼촌, 오촌 아저씨, 칠촌 아저씨 등)가 된다.

친척 이외 일가(一家)의 경우는 세대의 높낮이를 기준으로 대접하되 나이도 고려하여 아랫세대라 하더라도 나이가 자신보다 많으면 나이로 대접하는 예(禮)가 있었다.

여기서는 일반적으로, 호칭(내가 상대를 부를 때)과 지칭(다른 이에게, 말할 때)에서 잘못을 범하기 쉬운 것을 중심으로 살펴보고자 한다.

① 할아버지 형제(종조부)는 차례에 따라 ‘큰할아버지’, ‘작은할아버지’라 부른다. 할머니도 이와 같다.

② 아버지 형제도 차례에 따라 ‘큰아버지’, ‘둘째 큰아버지’, ‘작은아버지’라 부른다. 흔히 아버지의 동생을 ‘삼촌’이라 하는데 이는 호칭이 아닌 촌수 관계에 대한 명칭이다. 그러므로 당연히 ‘작은아버지’라야 하고, 현실 호칭을 인정하더라도 미혼인 경우에만 ‘삼촌’이라 불러야 할 것이다.

③ 부모는, 어릴 때 ‘엄마’, ‘아빠’라 부르지만, 성인이 된 후에는 ‘어머니’, ‘아버지’라 불러야 하며 격식을 갖출 때는 ‘어머님’, ‘아버님’으로 불러야 한다.

내가 남에게 아버지를 칭할 때는 ‘저의 아버지’ 또는 ‘가친(家親)’, ‘엄친(嚴親)이라 하지만 남의 아버지를 그 자녀에게 말하는 경우에는 ‘춘부장(春府丈)’, ‘춘당(春堂)’, ‘어르신네’가 된다. 돌아가신 나의 아버지는 ‘선친(先親)’, ‘선고(先考)’, 돌아가신 남의 아버지는 ‘선부장(先府丈)’, ‘선대인(先大人)’ 등으로 일컫는다.

나의 어머니는 ‘모친(母親)’, ‘자친(慈親)’, 돌아가셨으면 ‘선자(先慈)’, ‘선비(先)’ 등이라 하고, 남의 어머니는 ‘자당(慈堂)’, ‘대부인(大夫人)’, 돌아가셨으면 ‘선대부인(先大夫人)’이라 일컫는다.

압존법에 있어서 ‘할아버지, 애비 옵니다’라고 말하는 것이 예로부터 호칭 예절이나 오늘날 그리 쓰이지 아니하므로 '애비'는 '아버지', '어미'는 '어머니' 정도로 하여도 무방할 것이다.

④ 아버지의 4촌 형제(종백숙부 또는 당숙)는 '아저씨', 그 배우자는 '아주머니'라 부른다. 아버지 세대의 어른에 대한 호칭은 모두 이와 같다. 남에게 말할 때는 '당숙', '당숙모'라고 한다.

⑤ 동일 호칭에 대하여 대상이 여럿일 때는 대체로 대상을 분명히 하기 위하여 살고 있는 마을의 이름(택호)을 붙여 '포천 아저씨', '상계동 할아버지' 등과 같이 말하기도 한다.

⑥ 요즘 주부들이 시댁 남편의 아우를 '삼촌'이라 부르는 경우가 있는데 이는 자녀들에게 잘못된 언어 습관을 가르치는 격이다. 미혼자는 '도련님' 기혼자는 '서방님'이라 부르는 것이 마땅하다. 남편의 형인 경우는 '아주버님'이 된다.

남편의 누이를 '고모'라고 부르는 것도 잘못이다. 남편의 여동생은 '아가씨', 누나인 경우는 '형님'이 바른 호칭이다. 아울러 남편의 형의 아내는 '형님', 남편의 아우의 아내는 '동서'라고 부른다. 시부모 앞에서 남편을 지칭할 때 '그이' 또는 '아빠'라고 말하는 것은 교양 없는 말씨이다. '아비', '아범' 또는 '아가씨 오빠', '도련님 형'이라 하여야 한다.

타인에게 남편을 지칭할 때도 '우리 아빠', '저희 남편'이라 하는 것은 실로 어처구니없는 지칭이다. 마땅히 '애 아빠', '제 남편', '바깥양반'이라야 할 것이다. 아내를 지칭할 때도 이에 준하면 된다.

참고로 남의 남편을 지칭할 때는 '댁의 남편'이 아닌 '댁의 부군(夫君)'으로 해야 예를 갖추는 것이며, 남의 아내를 지칭할 때는 스승의 부인이 아닌 다음에야 '사모님'이 아닌 '부인(夫人)', '여사(-님)'이 바른 말이다.

⑦ 형제의 아내는 남자의 경우 '형수님', '형수(-씨)' '제수씨'라 부르고 누나의 남편은 '자형', 누이동생의 남편은 나이가 많더라도 우애하고 '자네', '김서방'이니 한다. 여자의 경우, 오빠와 동생의 아내는 '올케'인데 손위는 '언니(새-)', 손아래는 '올케', '누구 엄마'라 부른다.

자매의 남편은 '형부-제부'인데 호칭도 이와 같고 동생의 남편인 경우는 '제부' 외에 'ㅇ서방'이라 불러도 된다. 자매의 남편끼리는 동서(同壻)간인데 자매의 서열에 관계없이 나이에 따라 예를 갖춘다.

⑧ 아내의 남자 형제와는 '처남-매부' 간인데, 손위 처남의 경우 자신보다 나이가 많을 때 '형님'이라 할 수도 있지만 '처남'이라 부르는 것이 일반적이다. 대체로 나이 차이가 6~10년 이내인 손위 처남이나 동서, 기타 아내의 동등 세대는 서로가 사회적 사귐으로 허물없이 우애롭게 지낸다.

아내의 자매는 '처형-처제'이다. 요즘 허물없이 처가 식구를 대한다 하여 처제에게 낮춤말을 쓰는 경우가 허다한데 이는 경박스러운 일이며 나이에 관계없이 처제는 예를 갖추어 말하는 것이 옳다.

⑨ 장인과 사위는 옹서간(翁壻間)이라고 하며 아내의 아버지를 '장인어른', 아내의 어머니를 '장모님'이라 부른다. 요즘 들어 장인, 장모를 '아버님', '어머님'이라 부르는데 이는 원래 친가 부모의 호칭이지 처가의 호칭이 아니다.

⑩ 어머니의 형제는 '외숙부님' 또는 '외삼촌'이라 부르며 '외아저씨', '외아주머니'라고도 한다.

외가의 호칭은 대체로 근친의 호칭에다 '외-' 자를 붙여서 말한다. 참고로 아버지의 외가(外家)는 진외가(陳外家)라 하고, 어머니의 외가는 외외가(外外家)라 하는데 부를 때는 '진외-', '외외-' 자를 붙이면 된다.

⑪ 사돈 사이에서 남자끼리는 대체로 10년 이내의 나이 차이면 벗으

로 여기기도 하였으나 근래에는 드물어 '사돈(-어른)' 으로 극진하게 예우한다. 남자 사돈이 여자 사돈에게는 '사부인' 이라 하고 여자끼리는 '사돈', '사부인', 여자사돈이 남자 사돈에게는 '사돈어른' 이라 부른다. 윗세대인 경우는 '사장어른', '안사장어른' 이라 호칭하며, 아랫세대인 경우는 '사돈', '사돈도령', '사돈총각', '사돈아가씨' 라고 부른다.

이밖에 장유유서(長幼有序)의 예법과 겸양의 태도를 갖추어 말해야 하는 경우가 있다. 예를 갖추어야 할 사람이나 남의 집안어른의 이름을 물을 때, 살아계신 분은 "함자가 무엇입니까?" 라 묻고, 돌아가신 분은 "휘자(諱字)는 무엇입니까?" 라고 해야 한다. 또 어른의 이름을 함부로 부르지 않는 관습이 있어서, 아버지나 할아버지의 이름을 말할 때 가령 "꽃부리 영(英)자 심을 식(植)자입니다." 라고 하거나 "영자 식자입니다." 라고 말해야 예의에 벗어나지 않는다.

자기의 성(姓)을 소개할 때는 겸양의 뜻으로 '이가(李哥)' 니 '김가(金哥)니 하고, 남의 성은 '이씨(李氏)' 니 '김씨(金氏)' 니 한다. 그러나, 자신의 가문 전체를 일컬을 때는 '이씨문중' 이니 '김씨문중' 이니 하는 것이 바람직하다. 자신의 선조를 포함하여 문중 전체를 낮출 필요까지는 없기 때문이다.

X세대 바라보기

1

모든 사람은 신세대다. 전(前)세대에 견주어 그렇다. 나이와 상관없다. 그러나 우리는 적어도 삼십대 이후부터는 신세대라 부르지 않는다. 비록 그들이 신세대의 성장 시기를 지냈고, 이전세대의 시각으로 볼 때 신세대의 부부니 신세대 회사원이니 부른다하더라도. 그렇다면 확실히 신세대란, 십대나 이십대의 초반 또는 후반까지 범위에 넣어 그 층을 일컫는다. 나이만으로 세대를 구분하는 것은 역사를 연대기로 갈라 기술하는 것과 같은 편의성에 불과할지 모른다. 세대의 특징, 기호, 이미지, 연대성, 사고의 공통성 등에 따라 개념 설정이 되어야 하나 쉽지 않은 것이 사실이다. 분명한 것은 일이십 대 서로 간에는 그 공감대가 강하나 삼십대 이후와는 차별된다는 점에서 일반적인 구분이 가능하다. W.딜타이는 '감수성이 강한 나이에서, 함께 큰 영향을 겪은 사람들이 서로 모여 한 세대를 구성한다.' 라고 말한 바 있다.

이렇게 볼 때 신세대는 우리나라 인구의(94기준) 약 30%를 차지한다. 15~19세가 약 890만명이며, 20대는 약 870만 명으로 총 1,260만 명이다. 그만큼 세력의 규모를 지닌 셈이다.

이러한 규모의 신세대가 기존의 문화 구조의 틀을 이탈하여 새로운 문화 구조를 형성하니 각별한 관심이 쏠릴 수밖에 없다. 신세대는 근래에 들어 새삼 등장한 것이 아니다. 인류의 역사가 시작되면서 지금까지 존재하여 왔다. 끊임없이 등장한 신세대는, 나름의 욕구와 사고, 생활 방식이 전세대의 그것과는 구별되는 특유의 요소들을 지녔기 때문에 문화의 보편성에 위배되거나 대립하기도 한다. 그러나 문화의 성격이 그렇듯 대중성을 획득하게 되면 보편적 문화로 정착되고 그 충돌마저 사라진다. 그리고는 또 다른 신문화에 대한 방어적 위치에 서버리고 만다. 세대의 흐름도 이와 같다. 그래서 신세대는 그들 나름의 문화를 형성시키면서 여러 문화를 예민하게 수용하며 접근해 나간다. 실험적 사고와 태도가 강한 성장 시기이기에 가능하다.

요즘 신세대는 특별한 차별성을 용어에까지 요구한다. 이른바 'X세대' 가 그것이다. X는 부정과 반항, 모호함과 변화의 이미지에 걸맞은 낱말이다. 90년대 초 미국에서 'X세대(Generation)라는 소설 제목을 미국 광고업계가 차용하여 상업적으로 이용하면서 일반화된 용어로 보여 진다. 한국에 들여오고 통칭케 한 주도층도 광고업계다. '서태지와 아이들', '김건모', '룰라' 등으로 이어지는 가요업계와 청춘 드라마, 소비재의 상품, 컴퓨터 산업의 젊은 총아들, 그리고 오렌지족과 야타족...... 등등이 어우러져 X세대의 문화 풍토가 급속하게 대두되었다. 덩달아 매스컴의 몫까지 합쳐 그 조류는 실로 관심의 대상이 되고도 남았다. 그만큼 문화적 충격이 컸다고 할까? 아니면 기성세대의 문화 형태나 의식에 비하여 그 이질성의 폭이 어느 때보다 컸기 때문일까?

2

90년대 들어 우리 사회에는 종전과는 분명히 다른 방향과 속도를 지닌 문화적 변화를 맞았다. 문민정부라는 정치적 배경을 제외하더라도 몇 가지 가속적인 변화의 물결이 일었다. 이 물결이 X세대에 직접적인 영향을 끼쳤을 뿐만 아니라 탄생의 사회 · 문화적 배경이 된다.

첫째, 근년에 개방화와 국제화가 다방면에 걸쳐 빠른 속도로 이루어졌다. 특히 X세대와 관련하여 대중 예술 분야와 무형의 외국적 문화 의식까지, 그리고 소비재 상품까지 수입의 폭이 넓어졌다. 이것은 70,80년대의 눌려있던 문화적 욕구와 기존의 가치관에 숨죽이던 새로운 가치관이 분출되는 중요한 계기가 된다. 흡사 강하게 누른 용수철일수록 그 반동이 큰 것처럼, 이 시기의 X세대 문화의 급팽창이나 이에 대한 충격 정도도 이와 무관하지 않다.

둘째, 정보화 시대에 돌입된 점이다. 정보문화가 컴퓨터의 보편화와 통신의 발달로 문화의 변화 속도를 더욱 가속화 시켰다. 기존의 지필 문화에 젖어 있던 기성세대에 비하여 X세대는 정보생활의 체질성을 갖추게 된다. 결국 새 문화의 습득에 대한 우월성을 지니게 된 셈이다. 신세대들의 능란한 컴퓨터 지식과 조작은 기성세대의 경험주의를 무너뜨리기에 충분했다. 이 점은 전 세대에 의해 전수되어 왔던 기존의 생활 문화의 형태와는 다른 역설적 현상이라 까지 볼 수 있다. 물론 정보화를 구축한 세대가 기성세대라 할지라도 대중화의 핵심에는 X세대가 자리 잡았다. 신속하게 다량의 문화 충족을 누릴 수 있다는 점은 그 만큼 빠르게 생활의 변화를 추구할 수 있는 것이다.

셋째, 생산 지향적 시대에서 소비성의 시대로 접어들었다는 점이다. 개인의 행복권을 의식하기 시작한 것은 기성세대이다. 외식 문화, 관광, 레저 문화, 노후 대책, 쇼핑 문화 등이 급속히 팽창하였다. 다양한 서비스 산업이 발달하였다.

X세대의 자녀를 지닌 기성세대는 고도성장의 시대에서 정열에 넘치

던 중견인 역할을 담당했었다. 그들은 대부분 해방둥이 전·후 나이로서 전쟁과 격동기의 어린 시절을 보낸 불우한 기억을 갖고 있다. 나라 발전과 궤를 같이 하여 달음질 하나로 젊음을 보낸 층이다. 그들이 이의 대가로 얻은 가정 경제의 윤택함은 핵가족의 정착과 더불어 개인의 행복권을 서서히 의식할 수 있는 물질적 바탕이 된 셈이다. 이 바탕에서 성장하게 된 X세대는 전세대들보다 쉽게 물질적 풍요를 제공받은 셈이며 이것은 그들만의 문화를 이루어내는데 적잖은 자본이 된 것이다.

이와 같은 대강의 사회·문화적 변화를 배경으로 탄생한 X세대는 상업주의의 주도로 포장되면서 전면으로 부상한 것이다. 사실 X세대의 행동과 의식에 대한 반응과 표면화는 대중 매체에 의해 상당히 부풀려졌다.

③

X세대, 그러면 이들의 행동양식과 의식은 어떤가?

흔히들 X세대는 자기주장이 강하고 솔직하며 대담성을 지니고 있다고 한다. 이 점은 긍정적으로 볼 때 가식이 없는 것이며 주관이 뚜렷하다는 것이다. 그러나 한편으로는 조심성이 없는 것이며 개인주의적 요소가 강하다는 점도 간과해서는 아니 된다. 타인을 지나치게 의식하는 것은 소극적이고 기회주의적인 사람이 되기 쉽다. 자신을 감추어 두는 위선으로까지 가버린다. 이를 정면으로 거부하는 솔직하고 담백한 행동양식을 X세대는 지니고 있다. 이러한 일면에, X세대가 염두에 두어야 할 것은 자기주장 속에는 명철한 판단 논리가 있어야 한다는 것이다. 이것이 결여되면 대인관계나 세대 간에 갈등의 원인이 되며 반감의 요인이 되어버린다. 명철하고 타당한 주장이었을 때 지나친 아집이라는 시각의 굴레를 벗어날 수 있기 때문이다.

우리는 또 X세대를 인스턴트 세대라 부른다. 그만큼 편의주의에 경도되어 있으며 감각화에 익숙해져 있다는 말이다. 복잡하거나 번거로운 것은 피한다. 연극보다 영화를, 클래식 보다는 대중가요를, 독서보다는 비디오를, 그리고 내면의 양식보다는 외면의 치장에 신경을 더 쓴다. 그러나 필자가 보기에는 이것은 현대 문화생활의 일반적인 추세일 뿐이다. 그리고 X세대가 기성세대보다 이러한 요소들이 강하다한들 X세대의 창조품이 아니다. 인스턴트화 되어가는 기성세대의 편의주의에서 기인되어 X세대에 보편화되었을 뿐이다. 과정보다 결과를 중요시 하는 사회, 예술은 상업성에 몰두하고, 가정에서는 정성과 사랑이 결핍되어가는 현상이 그렇게 만들었다.

인간은 원래 감각적인 것에 더 익숙하다. 파토스적인 상태에서, 수련과 교육에 의하여 로고스로 되어 간다라고 할까? 감각적인 것이 부정적일 수는 없다. 다만 감각과 인식의 세계가 적절한 균형을 이루지 못했을 때가 문제인 것이다. 이의 균형을 위해서는 다양한 문화가 제공되어야 한다. 모두가 방관적 태도에서 벗어나 내면의 풍요로움을 다각도로 제시하여야 한다. 그렇지 못했을 때 소비 향락적인 세대 문화가 되어버린다.

X세대 문화가 많은 문화 진보성을 지녔음에도 부정적인 인식의 정도가 큰 것은 지나친 소비 향락적인 일면을 드러내었기 때문이다. 개인의 교양화가 결여된 상태에서 감각화에 익숙해지면 창조적인 문화 발달이 아니라 인격의 파열과 문화의 퇴락을 불러오기 쉽다. 결국 barbarians와 philistinism에 귀속되어 버리므로 경계하지 않으면 안된다.

기성세대의 인생관이나 가치관보다 확실히 X세대의 그것은 변화하였다. 2년 전에 17세~19세의 청소년을 대상으로 설문을 통한 의식 연구를 한 적이 있다. 이 연령이 지금의 대학 초년생이 되었다. 장래 생활에 가장 중요하게 생각하고 있는 것에 대한 질문을 했을 때, 5년 전의 동일 문형의 조사 때보다 다르게 나타난 점은 흥미로웠다.

5년 전에는 '경제적인 풍요로운 생활' 과 '사회를 위해 공헌하는 삶' 이 우위였으나 이 조사에서는 '행복한 가정생활' 과 '한가롭고 마음 편한 생활' 이 우위의 결과로 나타났다. 이러한 삶의 유형을 선택한 것은 출세와 공헌이라는 성공관에 비해 가정과 자기중심적인 삶을 X세대들은 선택하고 있음을 말해 준다. 이기중심의 사회 경향과 무관하지 않음을 볼 때 X세대 가치관의 원류는 사회 조류의 표면 노출에 불과하다. 이 가치관의 옳고 그름의 판단은 할 수 없다. 현실주의의 가치관의 반영이 높게 나타났을 뿐이다. 다만 개인주의화되어 가는 경향이 우려된다면 기성세대의 성찰 자체가 선행되어야 한다. 이 조사에서 자신이 성장하는 동안 '부모님 사이가 좋았다' 는 시각이 이전 조사보다 2% 증가한 사실에서, 청소년 비행의 원인으로 친구, 문화 환경, 학교 교육보다도 가정문제에서 비롯된다고 응답한 결과(응답자의 60%)에서 신세대가 자기 자신의 행복의 근원을 가정에서 찾고 있다는 점을 읽을 수 있다.

신세대의 직업관은 개방적이면서도 진취적이라 할 수 있다. 무엇보다도 신세대들의 직업 능력은 정보화 시대에 걸맞게, 능란한 컴퓨터 조작 능력과 자유분방한 사고에서 오는 창의력에 있다. 또한, 주어진 일에 대한 적응 능력이 있다고 한다. 이런 점에서 그들은 한 직업에 종속되기를 거부하기도 하고, 새로운 직업 세계를 창출하여 연립 경영을 꾀하기도 하며, 언젠가 독립을 목표로 하고 직장에 다니는 경우도 있다.

요즘 멀티미디어 PD, 아트디렉터, 컴퓨터 음악가, 시스템 운영자 등 이색적인 전문직업인이 많이 등장하는 경우도 신세대의 신사고에 힘입어서다.

일반적으로 그들의 직장 생활은 눈치 보지 않고 자기 몫을 완성하고자 한다. 그러므로 앞으로 재택근무나 프리랜서 방향의 직종이 팽창할 것은 당연하다. 이른바 근무의 양보다 질을 추구하는 신경영 전략에 부합하는 직업인이기도 하다. 기성세대 직업인으로부터 '눈치가 없다' 라는 반응이 있기도 하지만 정열과 수행능력을 선배들을 긴장시키기에 충분하다.

우선 신세대는 정보 수집 능력이 있다. 또 새로운 정보에 예민하기 때문에 이를 빨리 이용할 줄 안다. 소비성의 상품 구매력이 불시에 X세대에 일어나는 것은 이와 무관하지 않다. 그렇기 때문에 유행에도 민감하여 유행의 변화 속도도 전과 달리 빠르다. 기업, 광고가 신세대 감각에 맞추려고 애쓰고 불시에 홍수를 이루고 있는 이유는 생존 경쟁에서 느린 템포가 허용되지 않는 X세대 시장 창출에 있다. 여기에 강한 자기 개성을 중시하는 성향에서 대량 생산 제품은 점차 구매력을 상실하게 된다.

아무튼 정보 매체에 민감하다는 것은 한국 사회의 문화 정체성을 극복할 수 있는 공헌이 된다. X세대의 많은 직업군이 정보산업에 있어서 선도의 자리를 지키고 있는 것은 당연하고도 고무적이다. 이미 소프트웨어 업계와 이벤트 업계 등에서 신세대의 창출력은 인정받고 있는 점이 그것이다.

④

우리는 X세대 문화가 향락, 퇴폐, 무지, 돌변성, 거부, 반항, 가벼움 등의 부정적 시각으로 왜곡되는 것에 오히려 경계해야 한다. 졸부의 자녀들의 속물적 소비문화가 사회 문제로 등장하면서 곱지 않은 시각이 많았던 것은 사실이지만 이것은 X세대의 문화 경향이 아니라, 사회 패륜아의 일면일 뿐이며 이제까지 청산하지 못한 우리 사회 전반에 걸친 소비 팽창의 조류에서 기인된다. 이점은 진정한 X세대 다수 층에도 상처를 주는 거부의 대상일 뿐이다.

'삶을 보람 있고 즐겁게' 라는 의식은 우리 모두가 추구하는 삶에 대한 목표이기도 하다. 이 목표를 향하여 기존의 방식과 현재의 신세대의 삶의 방법론이 다를 뿐이다. 어찌 보면 복잡다단한 사회 구조 하에서 오는 당연한 현상일지도 모른다. 또 기성세대가 보낸 청(소)년기보다 지금의 X세대가 겪어야 할 문화 학습의 양이 증폭되어 있음을 감안하면 그만큼 방황의 폭도 증대된다. 자칫 삶의 가치관이 복잡해져 자신의 미래상에 대한 인식이나 대비도 방향을 잃기 십상이다. 그렇기 때문에 단순히 X세대를 먼발치에서 바라보기에만 그쳐서는 아니 된다. 서로의 이해와 흡수에 적극성을 지니고 있어야 한다.

X세대 문화는 새 시대의 문화 주류임에 틀림이 없다. 이러한 새로운 세대 문화가 없다면 한국 문화 발전의 변증법은 존재하지 않는다. 우리가 다만 염려하는 바는 우리의 문화 기반을 부정하고 서구 문화의 수입에 따른 경도(devoting oneself) 현상이 지나친 것에 있다. 그것은 X세대의 신선하고 새로운 조류의 문화 경향이 왜곡화되고 부정이 될 소지가 있다. 또한, 문화 종속의 굴레를 스스로 자청하는 일이 된다. 그러므로 일부의 속물주의 성향을 경계하고 제어시키면서 타당한 비판 정신에 근거한 X세대 문화를 창출하여야 하며 기성 사회는 긍정적인 시각으로 수용하여 한다. 그러할 때 거름종이를 통과한 한국 새 세대 문화가 창출될 수 있는 것이다.

그리고 감각적인 소비 성향의 X세대 문화는 자연 생명력을 갖지 못한다. 그 세계에 있던 X세대는 진정한 X세대가 아니다. 그러므로 빠른 속도로 도태될 수 밖에 없다. 이미 쇠퇴기에 접어들었을 지도 모른다. 생명력이 있는 X세대 문화는 창의적이고 진보적인 생산적 문화이다.

언젠가 X세대 또한 기성세대가 될 것이다. 그때 X선보다 투과의 힘이 강한 감마(γ) 세대의 문화 조류를 맞게 될 것이다. 자, 그러면 γ(감마) 세대를 기다려 보자. 아주 차분히.

(*이 글은 90년대 X세대에 대한 글이다. 이천년 대의 Y세대 등장과 비교하여 보면, 그리 다르지 않은 세대 경향을 읽을 수 있어 싣는다.)

의원님, 정보화 예산 반영 어떻습니까?

지방의회의 예산 심의와 지역 현안 문제에 있어서 시 · 군 의원들의 곤혹스러운 문제 중 하나가 사이버 시대의 관련 정보화 사업에 관한 것일 것이다. 극히 소수를 제외한 대부분의 의원들의 명함에서 자신의 홈페이지 주소를 발견하기 어렵고, 의회 홈페이지는 시 · 군청 홈페이지에서의 셋방살이를 면하지 못하고 있다.

현대의 행정 조직 운영에 있어서도 경영 개념이 도입되면서 네트워크 경영, 디지털 경영, 지식 경영이라는 개념을 지방자치행정 분야에서 어렵지 않게 만난다. 시설투자가 핵이 되는 네트워크와 정보 전달의 메카니즘인 디지털이 매체화된 디지털 네트워크 행정 시대가 이미 정착화되고 있는 것이다. 이에 필수적으로 뒤따르는 소위 콘텐츠(Contents)와 전자상거래 (Electronic Commerce)라는 내 · 외부 지식의 활용 작업이 지방에서도 유행처럼 번지고 있다. 지역 경제 활성화나 행정 발전에 있어서 이는 도외시할 수 없는 분야가 되어 버렸다.

영동 지역의 행정 기관에서도 타 시도보다 비록 앞서 간다 볼 수 없지만 적어도 긴장감을 가지고 대비하고 있는 것으로 보인다. 좋은 예로 지역 알리기와 행정서비스의 효과적인 장으로 평가할 수 있는 양양군의 '사이버구청' , 고성군의 '전자신문' , 속초시 세무과의 민원서비스 웹페이지가 그것이다.

이즈음에서 우리는 지방 행정의 선진화를 독려하고 감독하며 한편으로 후원해주는 시 · 군의회의 정보화에 대한 마인드 변화를 점검할 필요성을 느낀다. 전제할 것은 의원 모두가 정보화에 대한 깊은 지식이나 전문성을 지녀야 한다는 것이 아니다. 최소한 정보 활용을 할 줄 알거나 그 가치를 적극적으로 인식하는 의회상을 기대하는 것이다. 의회나 의원 자신이 이 점을 중요시 여겨야 할 세 가지 이유가 있다.

첫째가 항시 열려 있는 민의 수렴의 공간을 지니고 있음으로써 대변자의 역할을 충분히 할 수 있다는 점이며, 둘째는 의정활동은 주민의 대표성을 지닌 만큼 활동 내용이 공개되어야 한다는 것이고, 마지막으로 행정이나 지역 정보화에 박차를 가할 수 있는 견인차 역할을 수행할 수 있어야 시대 조류에 뒤지지 않는다는 점이다.

우리는 흔히 조직사회의 구성원을 '아날로그 세대', '아날로그 & 디지털 세대', '디지털 세대'로 구분하기도 한다. 시군의회의 의원 구성을 보면 대부분 완전 아날로그 세대가 많다. 스스로 과감한 자기 변신을 시도하지 않고는 의회 정보화는 기대하기 어렵다. 그렇다고 난해한 문제도 아니다. 낮은 배움의 자세로 시민과 함께 컴퓨터 교육을 받으면 그리 어렵지 않은 기술 분야이기 때문이다. 의원 스스로 정보화에 접근하고자하는 인식을 지녔을 때 지역 정보화의 현실 주소가 그려진다.

의회는 독립적인 홈페이지를 통하여 회의록을 포함한 의정활동 내용을 공개하고 민의를 수렴하여야 하며, 나아가 의원 스스로 개인 홈을 통하여 주민과 접촉하였을 때 사이버 시대에 걸맞은 진보된 의회주의 확보될 것이다. 행정자치단체의 정보화 노력이 시군의회의 인식 변화와 동행되었을 때 더욱 가속도를 얻을 수 있다는 점은 이의가 없을 것이다. 분명 주민의식이나 지역 환경이 여러모로 열악하다 하지만 지역 정보화 부분만은 타 시군구보다 뒤쳐질 마땅한 이유가 없다.

그러므로, 우선 의원들은 이 지역의 정보화에 행정자치단체와 공동 노력하여 예산 배정이나 사업 전개에 몇 가지 관심을 가져야할 것이다.

첫째, 산업단지 입주 업체들의 경영 정보화에 걸림돌이 되고 있는 전용회선 설비와 유지비에 대한 지원 방안은 없는가?

둘째, 지역 공동의 전자상거래 토탈싸이트 구축에 대한 효과적인 지원책은 무엇인가?

셋째, 시군청의 홈페이지, 더 나아가 동과 면의 홈페이지 활용을 통한 대민 행정서비스 확대를 위하여 무엇을 해야 하는가?

넷째, 설악권 관광의 공동 네트워크 구축과 정보화 추진을 위한 운영협의체나 행정기구의 전문화를 조례화할 수 있는가?

다섯째, 열악한 농어촌의 정보화 사업의 기본단계인 교육용 PC 보급 확대와 인터넷망 확장에 예산 지원을 포함한 보급기증운동, 교육 지원에 대한 능동적 방안은 없겠는가? 라는 점을 숙고해봐야 할 것이다.

누군가가 지적했다. 알면 보인다고. 그러므로 필자는 의원들의 정보화에 대한 실질적 인식 변화와 실천 의지가 곧 지역 정보화에 가교 역할을 할 수 있으리라 보기 때문에 그 기대치를 언급한 것이다. 그리하여, 다가올 선거에는 명함에 숱한 직분과 사진이 있기보다 먼저 이메일 주소와 홈페이지 주소가 있는 의원 후보자가 많아지길 희망해본다.

지금부터라도 관학협력의 내실을

지난 2월 속초시가 경동대학교, 동우대학, 관동대학교(양양)와 관학협정을 체결하고 관학컨소시엄을 구성한 것은 뒤늦은 감이 없지 않으나 참으로 바람직한 시정의 하나로 평가하고 싶다. 이제 실질적인 관학 협력의 출범을 보면서 필자가 몇 가지 희망과 기대를 갖는 것은, 2년 전 이 문제를 처음 제기한 인연이 있고, 다변화 시대에 지식 가치를 상호 존중하고 교류하는 것은 지역 사회 발전과 상호호혜에 더 없는 기회가 된다는 인식 때문이다.

관학협정의 계기가 된 것은 지난 99년 여름 속초시가 개최한 경동대, 동우대 관계자 초청 속초시 인구 증가를 위한 '대학생 주소 이전' 협조회의였다. 아마도 관학의 책임자가 공식적인 협조를 위한 협의회는 처음이 아니가 했다. 이 자리에서 제기된 문제가 비록 시정 발전에 가장 중요한 인구 증가라는 목적을 위한 협조 요청이라 할지라도 이것이 계기가 되어 지역사회와 대학이 공존하고 상호 특장을 제공할 수 있는 컨소시엄 형태로 장기적인 협력 관계가 바람직하다는데 의견을 같이 한 바 있다.

이미 천안, 수원, 청주, 충주 등에서 보는 바와 같이 대학 유치와 대학의 성장이 곧 지역 발전과 비례관계가 된다는 사실을 익히 알은 터이지만 구체적으로 어떤 협력을 하여야 하는 지, 양 기관이 서로 제의의 기회를 못 가진 게 사실이며 그 이전에 동우대학과 기 협력 관계가 전무하지는 않았지만 전문적이고 제도적인 협력관계를 구축하지는 못하였다. 도내 처음으로 고성군과 경동대학교 관광학부가 관학 협정을 체결하고 관광 사업 자문, 엑스포 행사 지원 등 일정한 기여가 높이 평가되나 이 역시 양 기관의 우호적 차원에서 다루어진 것이었다. 늦게나마 조례와 공동연구예산이 편성된 속초시의 관학협정은 이 지역의 발전에 좋은 계기가 되는 제도적 장치가 될 것임에 분명하다.

속초시는 다양화되고 전문화되고 있는 시정 사업이나 속초시의 발전과 개발의 프로젝트를 이 지역의 환경을 익히 잘 파악하고 있는 3개 대학 연구진에 의뢰함으로써, 보다 실질적인 결과물은 기대할 수 있을 것이며, 전문 두뇌를 외부 용역보다는 저렴하게 활용할 수 있을 것이다. 대학 역시 지역 개발에 대한 관심이 고조되고, 이에 대학 연구진의 자발적인 제안도 활발해지리라 기대된다. 또한 관광 산업이나 사회사업, 벤처 육성 등 공동 사업 또한 점진적으로 증대될 수 있을 거라 본다.

이러한 연구개발 협력 방안 외에도 실질적이고 세분화된 협력 방안의 논의는 앞으로 과제가 될 것이나 협력구성체가 능동적인 자세로 임해야 성과를 기대할 수 있다. 이러한 점에서 속초시와 대학기관이 각자의 역할과 상호 지원의 몫을 생각해 볼 필요를 느낀다.

우선 시는 대학의 문화적, 경제적 비중이 제일선임을 인식하고 대학 발전이 곧 지역 발전임을 높게 인식하고 점차 신입생 유치에 어려움을 겪고 있는 상황을 공동 대처해야 한다.

홍보, 인식 제고, 지역 장학금 조성, 대학특성화 개발의 공동 참여, 대학촌 등 환경개발 지원 등이 우선 떠오르는 사항들이다. 이미 전남 지역의 20~30%의 학생 유치 감소가 지역 경제의 제일 손실로 분석되고 있는 실정을 감안하면, 학생 감소는 주민 소득 등 지역 경제 규모의 감소와 직결된다는 사실이다. 영북부 지역도 이제 당면한 문제임에 틀림이 없으며 이에 대한 강한 인식을 바탕으로 구체적인 공동 대처 방안 또한 논의할 필요가 있다.

경동대 생활연구소가 지난해 9월 '지역 발전과 대학의 역할' 을 분석한 자료에 의하면 각 분야 중 특히 경제적, 사회 문화적 분야에 대학의 지역 기여도가 큰 것으로 나타나는데 요약하면 학생 천 명당 경제적 효과는 연간 30억 실질 소득 규모라는 것이다. 경동대와 동우대와 같이 인사정책이 전임교원 이주 원칙이 적용되는 상황에서는 경제적 분석에서 제외된 양교 교직원 가족(약640여명 추정) 생활권 이주 의무에 따른 주소지 이동은 다른 지방에 비교하여 상대적으로 지역 발전에 크게 기여한 면이다.

대학으로서도 이렇게 지역 발전에 기여한 대학운영정책으로 평가되는, 교직원 가족 이주 의무화, 학생봉사활동 활성화, 지역봉사 교수업적 평가, 대학소비재 지역 업체 발주 방침 등을 유지 또는 활성화해야 할 것이나 무엇보다 기숙사 등 재학생들의 주소 이전 운동을 실질적으로 전개하여 지역 행정 발전에 동참할 필요성이 있다.

또한, 문화의 상징체로서의 시민문화상 제정, 지역개발연구소 공동 설립, 대학 시설과 연구 시설의 개방 등을 적극적으로 추진할 필요가 있다.

이렇듯 지방자치단체와 대학이 공존의 노력을 다할 때 그 것이 비록 가시화되기까지는 시간이 걸릴지라도 지역 발전에 또 하나의 중요한 획이 될 것임에는 의의가 없을 것이다. 지역과 대학의 질적인 자구 노력은 이제 함께 고민하고 노력하지 아니하면 그만큼 상대적으로 타 지역에 비해 낙후된다는 것을 의미한다. 그런 면에서 이번 속초시와 대학의 상호 발전 지원을 위한 협의 정례화는 큰 의의가 있는 것이다.

태권도 공원 유치 지역유대 강화하여야 한다

최근 국회 국정감사에서 태권도공원 조성 사업을 전면 재검토한다는 장관 발언이 있었다. 백지화를 전제한 것이 아니더라도 당분간 선정 작업은 휴면기에 들어갈 공산이 크다. 사실 그간 유치 신청한 24개 지방자치단체들이 약 47억원의 유치 사업 예산을 쏟아 부으며 과열 경쟁을 해왔으며 치열한 로비설까지 나돌았다.

왜 그랬을까? 그도 그럴 것이 2007년까지 2,000억 가량의 국비 지원을 통하여 태권도 메카로서의 국제적 스포츠 성지가 약 1백만 평 조성되기 때문이다. 연간 150만 명 이상의 태권도 수련생을 포함한 외국 관광객 유치가 목표이고 보면 천문학적 관광 수입이 예상된다.

지나친 분석이 아니다. 50년대 걸음마 단계에서부터 시작했던 태권도 해외 보급이 이제는 158개국 5,000만 명의 동호인이 생겼으며, 해외에 활동하고 있는 한국 사범만 해도 1만 여명이나 된다.

그래서 비교적 일찍 유치의 필요성을 인정한 강원도내에서도 춘천시와 강릉시가 유치 사업단을 구성하여 활동하여 왔고 뒤늦게 원주시까지 뛰어 들었다. 전북이 무주군으로 유치 통합한 이후 강원도내에서도 통합 제기가 있었으나 반대 의견도 만만찮아 흐지부지 되었다. 원주시의 뒤늦은 참여에 대한 비판, 공원 유치에 앞서 추진되어 왔던 강릉시의 태권도 수련원 건립 취소에 따른 눈총도 따가웠다.

하여간 필자는 이것에 주목하고 싶지는 않다. 다만 태권도 수련의 최

적지인 영북지역이 왜 소외되었는가 하는 의문을 제기할 뿐이다. 그러면 유치 신청이 지난 지금이라도 나서자는 것인가? 이건 뒷북치는 일이다. 애초에 그 가치성과 당위성을 적극 인식하지 못한 지자체가 안타까울 뿐이다. 그러나 재인식의 시작은 새로운 정책적 참여를 가능케 할 수도 있다.

태권도 공원 선정의 주요 기준은 상용 인구의 근접성과 교통망 확보, 자연적 환경과 문화 역사적 배경이다. 이 점과 연관하여 영북 지역은 적어도 전국 제일 여건도 있는 셈이다.

첫째, 태권도 원형이라 보고 있는 고구려 선배 제도로 보면 5세기말까지 고구려 영토로서 지리 역사적 가치가 있는 것이며, 직접적인 모체로 인정하는 화랑도에서는 단연 영북 지역이 태권도의 메카가 되는 셈이다. 경주가 있다손 치더라도 수련 활동의 회귀선이 설악, 금강이었던 것으로 보면 순례수련의 유일한 역사적 공간이기 때문이다. 영랑호, 선유담, 삼일포처럼 화랑의 설화가 직접적이고도 다량으로 지명화되어 남아 있는 곳은 전무하며, 낙산, 무선대, 청초호, 건봉사에 이르기까지 심신 무도 수련의 역사적 자취가 있는 경우도 매우 드물다.

둘째, 태권도는 단순한 스포츠 테크닉이 아니라 심신일체의 수양 행위이기도 하다. 외국인에게 이러한 동양적 신비감을 체험케 하는 것은 고유한 역사적, 자연적 환경에서만 가능하다. 산, 바다, 호수, 내, 들이라고 하는 심신 수련의 자연 공간이 이곳보다 더한 곳은 더욱 존재하지 않는다.

셋째, 태권도 정신은 품새에 상징적으로 담겨 있다. 태극장의 건곤 일체는 산과 바다, 하늘 과의 교감, 고려장은 고구려 기상, 금강장은 금강산의 기개, 태백장은 백두대간의 웅지, 일여장은 선(禪,卍)의 경지를 이른다. 참으로 이 모두가 영북 지역이 갖는 지리적, 환경적 상징과 일치한다.

태권도는 정신적 가치를 상실하면 죽은 스포츠이다. 그렇기 때문에 태권도 공원은 대도심의 근접성을 오히려 배격해야 한다. 이로 볼 때 태권도 순례 원형지인 영북지역은 태권도 공원의 정신 수양의 테마 파크에 매우 적격한 것이다. 그렇다면 순례 수련원이라도 서야 되지 않겠는가?

영북지역이 갖는 태권도 성지로서의 가치와 당위성을 수용하여, 강원도는 춘천이든 강릉이든 컴소시엄 형태 또는 연계 유치 지역으로 전략화 하여야 한다. 그래야 강원도가 이길 가능성이 한층 높아진다. 강원도내 유치는 간접적이나마 도민의 하나인 영북지역 주민의 승리이기도 하다. 이 점에서도 영북 지역 자치단체는 좀 더 적극적으로 유치 노력에 동참해야 한다.

이 점에서 태권도 공원 선정 재검토 발표는 다행인지도 모른다.

(*이 글은 평창 동계올림픽을 유치하기 위해 무주와 경쟁하면서 평창은 올림픽 신청, 무주는 태권도공원신청으로 귀결되기 전이었던 2000년 지역신문에 발표한 글이다. 필자의 시각은, 올림픽보다 태권도성지 조성이 장기적인 면에서 강원도 발전에 더 도움이 되리라 보았고, 이에 대한 협력을 촉구한 것인데, 평창 유치가 무산된 지금 더욱 아쉬움이 있어 싣는다.)

대학 최초의 敎養필수과정 '사회봉사활동'을 제안하면서

인간은 사회적인 존재이다. 사회적인 존재로 인식하고 정착하는 데는 변화와 성장의 과정이 반드시 필요하다. 이 과정의 몫이 교육이다. 어떤 형태로든 사람은 교육의 과정을 통하여 사회성을 가지게 된다. 그리고 교육에 있어서 그 절대의 비중은 역시 제도교육일 수밖에 없다. 그런데 오늘날 '교육'이 흔들린다는 우려의 목소리가 높다. 발원지는 대부분 '인간성의 상실'에서 시작된다. 잘못된 가치관과 인생관이 빚어내어 바람직하지 못한 사회성으로 표출된 사례가 있을 때마다 한 번씩은 교육의 문제점이 제기되곤 하였다. 그러면 인간을 인간답게 양성하는 교육은 행위와 정서와 지성을 통합화하는 '교양 교육'일 수 밖에 없다. 곧, '교육의 不在'느니, '교육의 개혁'이 필요하다느니, '선생은 있되 스승은 없다' 등의 말은 제도 교육에 있어서 교양인을 양성하는 역할이 매우 왜소해졌음을 뜻하는 말이다. 그럼에도 불구하고 종내는 현실을 앞세워, 중등교육은 입시 교육의 굴레에서 벗어나지 못하고, 고등교육은 전문 교육의 틀에서 움직이려 하지 않는다.

심지어 전문대학 교육의 目的에는 '전문 지식과 이론을 교수. 연구하고 재능을 연마'하는 중견직업인 양성은 있어도 '인간다움'의 중견직업인은 없다.

더구나 1989년부터 시행된 교육부(당시는 문교부)의 '교양 교육 제도 개선' 안에서는 종전의 40% 배점의 교양 과목이 20%~30%로 대폭

낮추어졌고, 일선에서는 앞 다투어 최저 배점으로 채택하기 시작했다. 이는 미국이나 일본의 교양 배점의 상향 조정의 추세와는 상반된 조치였다. 그 결과 인력 수입원인 산업체 현장에서는, 전문성은 별로 나아지지 않은 상태에서 인간미가 없는 예비 중견직업인을 받고 보니 '전문인이기 전에 교양인을 원한다.' 라는 요구를 할 수 밖에 없었던 것이다. 다시 말하면 우수한 직업 교육이란 훌륭한 교양 교육의 기초 위에 선다(Dennis, 1982)라는 인식인 셈이다.

그러나 단지 대학의 교양 관련 교과 편성에 있어서 그 비율을 높이는 것만으로 교양의 목표를 이룰 수 있는 것은 아니다. '영어' 나 '제2외국어' 는 엄밀한 의미에서 교양의 영역보다는 '유능한 직업인' 의 필수 과정에 해당하는 전문성의 영역에 가까운 것들이다. '국어' 나 '직업윤리' , '철학' 등의 경우도 교과 내용의 편성에 따라 다르겠지만 '올바른 인간성의 함양' 이라는 목표를 달성하기에는 미진한 것이 사실이다. 보는 교육보다는 듣는 교육이며, 행동적인 교육이기보다는 부동적인 교육이기 때문이다. 그러면, 인간의 행동 변화를 바람직한 방향으로 이끌어주고 온전한 인간성을 실천하도록 하는 적극적인 교양 교육은 없을까? 이 물음에 대한 해답으로 제안하는 교양 과정이 '사회봉사활동' 이다.

우리나라는 아직 사회봉사 활동에 관한 관심이나 참여도, 지원 등이 외국에 비해 극히 열악하다는 것이 사회 복지 전문가들의 견해이다. 대학의 경우만 보더라도 몇 개의 동아리 중심의 봉사 활동이 전부라고 할 수 있다. 그나마 열기가 있던 농촌 봉사 활동도 80년대에 들어 이념에 경도되어 본연의 봉사 정신이 퇴색하거나 평가 절하되어 순수한 봉사 활동의 분위기를 조성하는데 역작용을 낳기도 하였다.

박애 정신의 핵이 되는 자원 봉사 활동이 전반적으로 미약한 가운데

국가의 사회 복지 제도의 열악성으로 인하여 소외 계층에 대한 사랑의 손길이 요원한 것은 엄연한 현실이다.

그나마 각지 925곳의 사회복지법인 및 단체에 의하여 활발한 활동이 있고, 알려지지 않은 손길이 사랑의 정신을 실천하고 있는 점은 퍽 다행한 일이다. 그러나 영국의 예를 보면 30만여 개로 추산되는 자원 봉사 단체 활동이 있고, GNP의 5% 이상을 차지하는 관련 지원금이 국민의 손길에서 베풀어진다는 것을 감안하면 우리 국민 전체의 참여도가 대단히 낮다는 것을 알 수 있다. 이들 국민 전체의 80% 정도가 자원 봉사의 경험이 있다는 것이다. 가까운 일본은 5만 6천 1백여 개의 봉사 단체가 있고, 5백만 명 정도의 자원 봉사원이 활동하고 있는 것으로 후생성에서 밝히고 있다. 입시제도에서도 일본은 고교 입시 제도에 '93년부터 자원 봉사 활동을 반영하고 있고, 미국에서의 자원 봉사 활동은 대입과 취업에 있어서 중요 요인으로 반영되고 있음은 잘 알려진 사실이다.

다행히 우리나라에서도 뒤늦게나마 90년대에 들어, 환경 및 자연 보호에 대한 인식이 확산되면서 환경 관련 자원 봉사자가 급증하고 있다. 이는 조선일보의 '쓰레기를 줄입시다', '샛강을 살립시다' 의 운동과 동아일보의 환경 보호 운동 'Green Scouts' 및 방송 매체의 캠페인에 힘입은 바가 크다. 공익 정신의 큰 성과라 아니할 수 없다.

인간애의 실천에 있어 '나누는 기쁨, 베푸는 보람' 을 표어로 자원 봉사 캠페인을 펼치고 있는 중앙일보의 〈봉사로 기쁨 찾자〉운동은 전국적으로 확산되어 비로소 자원 봉사의 기틀이 잡혀지고 있다.

서울시 교육청에서는 '98학년도부터 고입 내신 전형에서 3백점 만점 중 봉사 활동을 24점(8%)으로 반영함을 발표한 바 있다. 학교생활에서 인간성 함양의 주요 덕목으로 인식하게 된 것이다. 늦게나마 국회 차원에서도 '자원봉사진흥법' 이 논의된 것은 다행스러운 일이다.

대학 사회에서도 몇 개의 대학이 부분적으로나마 의료 활동 중심으로 봉사 활동을 활발히 펼쳐왔으나 전교생이 동참하는 봉사 활동은 미약하였다.

'사회봉사 활동'을 정규 교양 과정으로 개설하는 것은 인간의 심성은 이기주의에서 벗어나게 하여 사회와 조화롭게 하는 실천 중심의 교육이 필요한 때문이다. 또한 교육의 매체인 책과 강의와 학습이라는 기존의 틀에서 과감히 탈피하여, 스스로 참여하고 깨닫게 하는 행동 중심의 적극적인 교육 방법을 모색해보자는 것이다. 비단 교육적인 자각을 위한 것만이 아니다. 公益을 위하는 사회 분위기를 조성함과 동시에 밝고 건전한 시대를 함께 엮어 나가는 공동체의 기틀을 마련하고자 함도 있다. 동시에 헐벗고 병든 그리고 소외된 계층에 따뜻한 나눔과 베품의 정성을 전하여 그들로 하여금 삶의 의지를 북돋우어 주고 시련을 극복케 하는 데에 일조하는 큰 의의가 있다.

대학의 정규 교과 과정으로 '사회봉사활동'을 개설함에 있어서, 필수적으로 논의되어야 할 것은 제도적인 장치와 교과 운영의 편성이 과제일 것이다. 이것은 각 대학의 학칙과 교육 목적에 따라 논의되어야 할 부분이며, 방침이 선다면 교과 운영 세칙들을 수립하는 것은 그리 어려운 일이 아닐 것으로 본다. 몇 가지 고려해야 할 점을 들면 이와 같다.

첫째, 봉사라 함은 앞서 말한 바와 같이 헌신적 베품과 나눔에 그 뜻이 있기 때문에 활동에 참가하는 학생들은 무보수는 물론이거니와 어떠한 명목으로도 수용 기관으로부터 사례를 받아서는 아니 된다.

당일 봉사 활동의 경우 도시락을 지참하여야 하며 숙식을 할 경우에는 '취사도구' 및 조촐한 식사에 해당하는 양식을 준비하여야 한다. 여의치 않을 때는 적량의 쌀을 가져가 제공하도록 한다. 이를 어겼을 때는 학점 취득을 인정하지 아니한다.

둘째, 봉사 활동은 사회 복지와 공익 활동 전반에 걸쳐 하되, 우선 육체적 활동을 필요로 하는 노력 봉사 중심으로 펼친다. 그 다음 지식 분야 봉사로 확대하는 것이 순서일 것이다.

활동 분야는 장애자 돕기(재활원), 고아원 및 양로원 봉사, 기타 사회복지 시설 방문 봉사와 농촌 봉사 활동, 재난 복구 참여, 교육 봉사(공익캠페인 활동 포함), 교통질서, 방범 활동, 의료 봉사, 교내 · 외 환경 보호 활동(쓰레기 분리수거, 나무 심기, 산불 예방, 쓰레기 줍기, 공해 방지, 수질 보호 등 자연 보호, - 조선일보 '샛강 살리기' 운동 단체 참여, 동아일보 'GreenScouts' 단체 활동 참여) 건전한 아르바이트를 통한 심장병 어린이 돕기 및 소년 · 소녀 가장 돕기, 생활 보호 대상자 돕기, 자금 마련, 적십자 활동 등이다.

셋째, 봉사 기관은 공공성이 인정된 곳으로 선정한다. 사회 복지 시설은 행정 관청에 등록된 곳을 우선으로 하되, 등록되지 않은 곳은 학교에서 그 순수성을 판단하여 대상 기관으로 할 수 있겠다.

만약 학생 스스로가 이미 공공성을 띤 봉사 단체에서 봉사 활동을 하고 있는 경우, 단체장의 확인서로 학점 취득을 인정하되 본교의 학점 취득 조건에 부합하여야 한다. 또한 학생 본인이 봉사 기관을 선정한 경우도 지도교수가 봉사단 본부와 협의하여 그 기관의 순수성과 공공성이 인정되면 허락한다. 기타 동아리 봉사 활동이나 별도 봉사회 활동도 해당 지도교수의 지도 아래 허용하되 봉사단 본부에 반드시 등록된 단체이어야 한다.

넷째, '사회봉사활동' 의 필수정규 과목 채택은 단순히 한 교과 과정의 신설이라는 차원보다는 올바른 인간교육의 방법론을 모색하고 실천한다는 관점에서 실시하여야 한다. 이로 인하여 각 교육기관에 수범이 되어 전국으로 확산될 수 있다면 이 보다 큰 사회적 공헌이 없을 것이다.

이를 성공적으로 수행하자면 무엇보다도 학교나 직접적인 지도를 담당하는 교수들의 선행적인 이해와 헌신적인 노력이 있어야 한다. 종래에 겪어보지 못한 대학 사회의 교과 과정이며 거의가 연구실을 떠난 노력봉사에 해당되기 때문이다. 지도 교수들에 대한 아낌없는 후원의 방안이 강구되어야 할 것이다.

일찍이 적도에서 의료 봉사로 젊음을 다 받쳤던 Alert Schweitzer는 〈나의 생애와 사상〉에서 '생명이 있는 모든 것에 봉사함으로써 세계에 대하여 뜻있고 목적 있는 행동을 다하는 것이다' 라고 했다. 봉사란 박애의 숭고한 실천이다. 곧, 대가 없는 베풂과 나눔의 행위이며 나와 남을 잇는 정성이다. 대가가 있다면 무엇하고도 바꿀 수 없는 성숙된 自我이며 보람일 것이다.

적어도 이 봉사의 체험을 통하여 환경과 사회와 이웃에게 무관심했던 자신의 결핍된 사람의 모습을 일깨우고 체득하는 기회가 될 것으로 기대한다. 삶을 아름답게 스스로 가꾸는 인격자로 성장할 수 있는 계기를 제공하는 교육이라면 이보다 값진 제도가 없을 것이다.

'의지할 곳 없고 얻어먹을 수 있는 힘조차 없는 사람들이 아무 말 없이 길가에서 다리 밑에서 죽어 가는 현상은 사랑의 결핍에서 생긴 재앙입니다.

사랑해야 할 사람이 사랑해야 할 사람을 사랑하지 않을 때에, 사랑 받아야만 살 수 밖에 없는 사람은 버림받고 병들어 죽어갈 수밖에 없습니다.

— 오웅진 신부 발행, '꽃동네' —

(*이 글은 대학 최초로 '사회봉사활동' 교과의 필수학점제 도입을 제안하고 실현시키던 1993년 당시 제안 담론이다. 현재 전국의 대부분 대학이 이 제도를 시행하고 있는 시점에서 매우 보람 있었던 일 중에 하나로 여겨 싣는다.)

흐르는 강 흐르지 않는 물

[미수교국 中國, 그 미지의 廣國을 가다 (1991)]

1 이국에 첫발을 놓고

1990년 5월, 중국을 간다. 아니, 중국이라면 아직 낯선 국호요, 우리에게는 중공(中共)이라는 표현이 더 선명하다.

새벽 공기가 오늘 따라 유난히 스산스럽다. 낯선 나라를 가는 긴장 때문일까? 아니면 첫 해외 나들이라 설렘 탓일까? 5月 25日 금요일 동트기에도 이른 시간에 우리 연수단은 (教員國外 研修 第 28 團) 중앙교육연수원 뜰에 모여 김포공항으로 가는 버스에 몸을 실었다. 이미 2박 3일의 예비연수 교육을 통하여 교류가 있었던 선생님들이라 그간의 정담을 나누는 동안 김포공항 제2청사에 다다랐다. 간단히 수속을 마치고 09:00 홍콩행 KAL 617기에 탑승하였다. 현직교사들과 교육공무원에게 해외의 견문을 넓히고 국가간 교류의 틀을 다지기 위해 9박 10일의 국외연수의 장도에 오른 것이다. 여기에 이념교육의 요소도 배제할 수 없다.

홍콩항이 기내 창 곁으로 다가선 것은 정오가 조금 넘은 시간이었다. 항구를 끼고 기착한 뒤 공항내로 들어오는 동안, 이국땅이라는 것을 새삼 느낀다. 오고가는 사람, 그들의 대화, 광고, 그러나 세 시간 남짓 걸려 도착한 곳이고 보면 그렇게 아득한 곳만은 아닐 텐데 모두가 낯설다. 어느 분인가 "어, 우리 상표도 많네." 하는 소리에 일행은 인척이나 만난 듯 그곳으로 시선을 모은다. 수화물 손수레 중 상당한 수의 것에 삼성과 금성 등 우리기업의 상표가 붙어 있어 모두들 흐뭇하다. 짧은 시간 내의 홍콩 여정이었지만 우리 기업의 해외 시장 진출의 모습을 곳곳에서 확인할 수 있어 반가웠다.

우리가 알고 있던 홍콩은 섬이었고 도착한 곳은 구룡반도였다. 구룡에서 홍콩(香港島)으로 이어지는 길은 해저 터널이었다.

세계적인 무역 도시이며 국제도시, 우리에게는 영화의 장면대로 무법과 밀수와 유홍의 도시로 생각되어지던 곳이기도 하다. 그러나 이제는 중국으로 가는 경유지로 각광을 받고 있다. 교포가 운영하는 식당에서 불고기가 곁들인 한식이 이국임을 잠시 잊게 해주었다.

날씨는 쾌청했다. 오후 3시경에 우리 일행은 버스 편으로 홍콩의 상징이기도 한 타이거 밤(Tiger bam)으로 향했다. 차내에서 영토반환에 관한 언급이 있었다. 현지 안내원의 설명에 따르면, 1997년도 중국에 반환되는 곳은 홍콩 섬이 아니라 '구룡반도'라는 것이다. 우리가 이미 보도를 접하여 알고 있듯이 홍콩은 영국에서 중국으로 1997년 7월 1일을 기하여 그 주권이 반환된다. 관심이 줄어들기는 했지만 홍콩의 이후 향방에 대하여 특히 중국 홍콩민은 내심 불안해한다는 것이다. 그래서 수많은 사람들이 영국이나 미국으로 이민을 떠났고 떠나고 있다고 한다. 그것은 그곳에 영원히 정착하고자 하는 것이 아니라 일단 제3국의 국적을 취득한 후 돌아오려는 목적에서이다. 자유세계에서 살아온 홍콩민들의 중국 공산정부에 대한 불안감을 간접적으로나마 읽을 수가 있었다.

홍콩거리는 최신식 건물과 낡은 근세기 건물이 한데 어우러져 있다. 아파트의 경우 외형은 언듯 보기에도 심하게 낡고 지저분하다. 그러나 실내에는 생활에 필요한 시설이 잘되어 있고 정갈하다고 한다. 불길한 숫자인 13층을 제외한 높을수록 비싸다는 맨션아파트 베란다마다 빨래를 널 수 있는 공간이 튀어나와 있고 빨래를 널어놓은 베란다창문이 닫혀있는 것이 이채롭다. 습기가 많은 바닷바람이 몹시 불기 때문이란다.

건물이 낡아 보수하고자 할 때 중국인은 예약을 일주일 전쯤 한다고 한다. 그래도 보수일이 이삼일 늦어지는 것은 예사이고 자기가 맡은 보수 외에는 그 자리에서 고쳐줄 수 있는 다른 부분의 결함이 있더라도 관여하지 않는 것이 중국인이라니 듣던 대로 "만만디" 이다. 이 성격은 나에게는 관찰하고 싶은 궁금한 부분이기도 했다. 생활에 대한 "여유" 인지 "나태" 인지 아니면 "무관심" 에서 나온 것인지를.

홍콩의 심벌이라 하기에는 싱겁게 느껴진 호문호 화원, 일명 타이거밤은 오히려 "萬金油" 발명자 별장이라면 우리에게 그리 생소하지는 않다. 1935년에 지어진 이 곳은 무일푼의 胡文虎가 만금유를 발명하여 일약 거부가 되어 홍콩 서민에 대한 이익 환원과 도덕성 보급을 위하여 지었단다. 대부분, 시멘트로 된 불교와 도교적인 부조 및 그림들이 형형색색 그려져 있다. 각종 짐승 상이 언덕의 경사면을 이용한 (극락과 지옥을 뜻하는) 계단과 인공적인 작은 동굴들 주변에 놓여있다. 어찌 보면 요란스럽기도 하고 조악하게도 여겨진다. 별장 뒤편의 산중턱에 십여 채의 곧 쓰러질 듯한 판자촌이 묘한 아이러니를 느끼게 하였다. 심한 빈부 격차를 보는 듯 했으나 우리와는 달리, 거부의 별장 바로 뒤쪽에 그러한 곳이 버젓이 철거당하지 않은 채 있다는 사실이 놀랍다. 있는 자와 없는 자가 동등한 입장으로 어울려 사는 곳이 이곳이라는 안내자의 설명이고 보면 납득이 가기도 했지만, 주택 임대료가 월 백여만 원 이상 가는 빅토리아 파크 내 주택의 주인이 판잣집에서 사는 사람들이라니 왠지 수수께끼를 대한 듯하다.

영화에서나 볼 수 있었던, 배 위에서 가정을 꾸리고 있는 (현재 3만여명 된다고 함) 수상가옥선과 산중턱의 빅토리아 가든에서 내려다 본 홍콩과 구룡반도의 빌딩 숲, 그리고 헤아릴 수 없이 많은 무역선들이 오고가는 모습을 뒤로 한 채 4시 40분, 버스 편으로 중국 국경으로 향했다.

이제야말로 갈 수 없는 나라로만 여겼던 중국으로 가는 것이다. 30분 남짓 달렸을 때 우리의 군사분계선과 같은 철조망과 20여 미터 거리로 설치되어 있는 보안등, 구릉에 자리 잡고 있는 초소들을 볼 수 있었다. 차내는 점차 홍콩에 관한 견문의 대화가 줄어들고, 잠시 후 입국 신고서와 세관신고서를 받아 들었다. 휴대한 카메라, 녹음기, 손가방, 고가품과 현금 (US $, 엔￥)에 관한 기록이 꽤 까다롭다. 중국에서 귀하 게 취급되는 전자제품과 사진기에 대한 암거래 방지책이라 한다. 다른 국가와는 달리 소지한 현금을 기록하는 것은 출국시 기록하는 신고서와 대조되어 사용액을 통계 내고자 한다하니 통제경제의 일면을 보는 듯 했다. 보안검색과 세관검사를 거치고 오후 6시경 건물 반대편으로 나오니 중국여행사 버스가 대기하고 있었다. 일반관광객이 아닌 연수단이어서인지 생각보다 간단한 입국 절차였다.

버스 내부 시설과 차체가 구형이라 "앞으로 좀 불편한 여정이 되겠구나."하는 생각이 든 것은 비단 나뿐만이 아니었으리라. 이곳부터 중국의 마지막 여정지인 상해까지 함께 동행하고, 가이드 역할을 담당할 우리 교포 2세인 김선생을 소개 받았다. 각 지역마다 현지 안내원이 별도로 나와 동행하는 것이 우리나라 관광운영과 다른 면이다. 현지 가이드인 3세 교포 청년의 "안내사업을 맡아 지금부터…" 라는 함경도 말씨 인사말에서 북한과 가까운 중국에 왔다는 사실이 더한층 실감이 났다.

30분가량 달려 심천 (深川)에 도착하여, 화교빈관에서 첫 중국음식을 대하였다. 중국요리 중에서도 유명한 남부연안지방의 광동요리이다.

중국의 요리, "하늘의 비행기를 제외한 모든 날짐승, 네발 가진 것은 탁자의 다리를 제외한 개, 고양이, 쥐, 심지어 유충까지 모든 것을 먹는다."는 것이 중국인의 식생활이다. 특히 모든 음식을 불로장수와 연관하여 인식하였기 때문에 음식물의 재료, 조리법에 대한 관심과 집착이 대단한 모양이다. 4대 요리라면 북경, 상해, 사천, 광동요리인데 그 중에서도 탕수육, 팔보채, 부용게 등 한국에서도 흔히 대할 수 있는 요리의 진원지가 광동요리여서 중국 본토요리에 대한 기대와 함께 식도락이듯 원탁에 앉았다. "미인 많은 소주에서 태어나고, 놀 곳이 많은 항주에서 놀고, 광주에서 먹어라."는 중국 한담이 있는 그러한 곳이기도 하다. 그 기대는 "만만디" 그대로 오랜 시간 뒤에야 확인 할 수 있었다. 그 확인은 먹음직스러운 음식 빛깔과 하나 둘, 차례로 나오는 음식의 열 댓가지 수로써 이루어졌다. 그러나 중국 특유의 진하디 진한 향내와 불면 풀풀 날릴 듯한 - 흡사 어린 시절 가난의 기억으로 남아있는 쉰밥을 물로 헹궈 대바구니에 담아 놓은 듯한 - 큰 대접에 담아온 쌀밥이 이내 그 기대한 대로의 충족은커녕 식욕마저 잠재우기에 충분했다. 우리 일행은 특히 우리 체질에는 전혀 맞지 않는 중국 특유의 향신료 - 한 공기 이상을 도저히 먹을 수 없이 느끼한 - 냄새로 인하여 매식마다 고생을 해야 했다. 우리의 김치, 된장 냄새를 외국인이 상쾌하게 여기지 않듯이 중국 고유의 냄새이니 이것 또한 여행의 독특하고 진기한 경험이리라.

심천은 개방 특별지역이여서인지 한창 현대식 건물 붐이 일고 있었고 활기가 있었다. 첫 숙박지인 광주로 가기 위하여 밤 8시경 심천역에 도착하였다. 큰 역사내에는 기차를 이용하기 위한 백여 명의 중국인이 장사진을 이루고 있었다.플랫폼에 나가기에 앞서 대기석 맞은편에 허름한 차림의 중국인과 필담이 이루어졌다. 그는 인민공사에서 생산활동을 하고 있는 사람이었다. "我是大韓民國人"이라 소개했더니 모르는 듯하여 괄호에 "남조선"이라 덧붙였더니 알아듣는 듯 소박한 웃음을 띠었다. 그리고는 수첩을 꺼내 자신의 인민증과 몇 개의 공원 신분증을 보여준다. 나이가 38세인데 40대 후반으로 보일 만큼 초췌하였으나 순박하고 꾸밈이 없다.

밤 9시에 출발하여 늦은 시각인 11시에 광동성 소재지 광주에 도착하였다. 완공한지 1년 밖에 안 되어 제반 시설이 깨끗한 貴都酒店(Hotel)에서 여정을 풀었다.

이국의 밤, 그 미지의 나라, 선대에서는 뗄 수 없는 관계를 지닌 중국, 우리와 체제가 다르고 비록 전후 세대이지만 6.25 사변의 피의 상흔을 익히 들어 잊어버리기에는 너무 세월이 이른 중국의 첫 밤은 피곤함에도 쉬 잠들지 않는다.

② "원 딸라(1$)" 라는 유행어

어느 곳이나 아침은 도시를 움직이게 하는가 보다. 부산한 아침거리를 내려다보았다. 자동차가 드물고 자전거가 유달리 많다는 것을 제외하면 우리나라 여느 중소도시의 도심거리이다.

짐을 챙겨 호텔 방을 나서는 순간, 각방을 돌던 룸 보이(종업원)가 "원달라, 원달라" 하고는 베개 밑을 본다. 팁을 은근히 요구하는 것이다. 원래 중국 호텔은 거의 국영이고 여기에 근무하는 종업원 역시 정부로부터 임명되어 근무하는 일종의 공무원 신분이므로 팁을 허용하지 않았으나 근래에는 암암리 이루어지고 있는 모양이다. 이 "원달라" 의 말은 이후, 들러 본 관광지 노점상마다 작은 기념품은 무조건 "원달라" 라 외치면서 호객행위를 하고 있어 연수일행 교사들 간에 유행어가 되어버렸다. 중국은 요사이 천안문 사태 이후 경제사정이 더욱 악화되어, 외화

벌이에 지대한 관심을 지니고 관광사업을 펼치고 있다는 말을 외신을 통해 알고는 있었다. 일반인들에게까지 달러의 소중함이 인식된 것은, 달러가 있으면 환전에 유리하고 그네들이 사기 어렵고 구하기 힘든 물품을 살수가 있어 인기가 있다고 한다.

호텔 환전소에서 여행에 필요한 경비를 다시 중국 화폐로 바꾸었다. "中國銀上海分行 外汇兑 煥水錢" 이라고 쓰인 외화교환 증명서를 써야 했다. 그 증명 복사본을 보관해 두어야 만이 남은 돈을 재환전할 수 있다니 번거롭고 불편하다. US100$을 내니 중국돈 459원 2각 5분을 내어 준다. 우리 돈으로 환산하면 중국 1원이 현 환율로 157원 2전이되는 셈이다. 중국의 화폐는 "중국은행"이라 쓰여진 "外貨兌煥券", "중국인민은행"의 人民幣로 나뉘어져 있다. 외국인의 경우 인민폐를 사용하지 못하도록 되어 있어 여간 불편하지 않다. 일반 상점을 이용하면 잔돈은 인민폐로 거슬러 주니 자연 두 가지 돈을 쓰게 되는 셈이다.

외화권만으로 살 수 있는 고급품과 수입품을 암암리 구입하기 위해 중국민들은 이 외화권이 필요하고 외화권을 얻고자 달러를 선호하는 모양이다. 그래서인지 호텔 주변 골목길에는 "체인지 머니"를 은근히 부르는 암달러상들을 쉽게 접할 수가 있었다. 1달러에 중국돈 4.6원이지만 암달러상은 6~7원으로 교환한다 하니 화폐유통구조를 짐작할 만하다. 암달러상과의 환전이 훨씬 득을 볼 수 있지만 엄격히 불법으로 통제되어 적발되면 구금되거나 상당한 벌금을 물게 되며, 환전이 이루어지는 동안 속임수를 써 손해를 보는 경우가 빈번하다하니 그렇게는 못할 노릇이다.

인민폐가 심하게 낡은 반면에 외화권은 깨끗하다. 인민권을 자세히 들여다보니 중국의 광대함과 고민을 함께 읽을 수 있어 흥미를 끈다. 알파벳 발음기호 외에 흡사 아랍권 문자모양 같이 보이는 글이 돈의 후면의 아랫부분에 조그맣게 인쇄되어 있다. 이 문자는 중국이 각기 다른 민족으로 구성된 탓에 몽고문자, 티벳문자, 위글문자, 치원문자가 쓰여져 있었던 것이다.

오전에는 황하강 72열사묘에 들리고 中山 기념관에 들렀다. 기념관은 8각형의 장대한 건물로서, 내부는 극장이나 대회의장 구조인데 1층과 2층에 4,792개의 의자가 빽빽하다. 손문을 기념하여 1931년에 완공한 이 건물은 중국의 국공합작이 열린 장소로도 유명하다. 기념관 넓은 잔디밭에는 유치원생들이 교사의 지도에 따라 각종 놀이를 명랑하게 즐기고 있었다.

기념관 내의 기념품점에는 광주의 특산물인 벼루, 도자기, 자수, 옥조각, 꽃병, 수저 등을 판매하고 있었다. 토산품인 돌벼루와 큰 먹을 35달러에 샀다. 첫 쇼핑인 셈이다. 그것도 50달러의 가격표에서 할인하여 샀으니 흐뭇해하면서. 그러나 중국에서 머무는 동안 비슷한 제품을 많이 보았는데 15달러에서 60달러까지 가격이 들쑥날쑥하였다. 싼 가격을 대했을 때는 "본고장에서 샀으니 제품이 다르겠지"하고는 자위하는 수밖에 없다.

정오 즈음에, 오랜 옛날 다섯 명의 선인이 입에 이삭을 물고 있는 5마리의 양을 데리고 광주에 왔다는 전설을 토대로 세운 오양석상이 있는 월수공원에 들렀다. 이 공원 내에 있는 광주 박물관은, 광주 역사를 한눈에 짐작할 수 있어 반갑다. 5층 누각에 고대부터 근세기까지 광주지역에서 나온 출토품과 유품, 지방사와 관련된 사진과 그림이 시대별로 정돈이 잘 되어 있다. 각 지방의 주요도시마다 이러한 박물관이 있다하니 역사에 대한 애착심을 읽을 수가 있었다.

지방문화 활성화가 더욱 중대되어야 하는 우리나라 실정에 비추어, 향토사의 보존과 정리가 잘 되어있는 이곳의 모습은 본 받을만하였다.

평소 교단생활에서 느끼는 것은, 우리 학생들의 역사관은 아주 빈약하다는 사실이다. 입시 위주의 사적 지식에만 얽매여 있어서일까? 아무튼, 시 단위라도 향토 박물관을 설립하여 자라나는 청소년들에게 애향심을 고취시키고 자랑스러운 우리 전통 문화에 대한 자긍심을 갖게 하는 기회를 줄 수 있다면 이것이야말로 현장교육이요, 산교육이 아닐까?

토요일이어서인지 학생들을 수십 명 만날 수 있었다. 그 중에서 올해 졸업했다는 고교졸업생과 고1인 여동생 일행을 만나 서로 간의 어설픈 영어와 필담으로 꽤 많은 이야기를 나누었다. 광주시 유화로에 산다며 이름이 "鍾軍"이라고 자신을 소개한 그는 그래도 영어발음이 서툴지는 않았다. 나 역시 대한민국에서 왔음을 말하고 "올림픽 코리아"라고 덧붙였더니 고1인 학생도 알아들은 듯 "86아시안게임 개최지"라고 아는 척 했다. TV에서 본 서울거리가 차도 많고 크고 아름답더라고 졸업생이 덧붙였다. 함께 기념 촬영을 하고 가지고 있던 "붓펜"을 주었더니 처음 보는 듯 신기해하며 써보고는 좋아한다.해 맑은 학생들의 표정이다.

오후에 가본 六榕寺는 절 안의 사리탑(化塔)이 유명하다. 외형은 9층이나 외부구조는 17층으로 이루어졌다. 탑 내로 들어가 1층에서 2층으로 오르고 2층에서 3층으로 오르자면 탑의 난간으로 나와 8개의 문중 하나만이 통로이므로 통로를 찾아 57m나 되는 끝까지 오르자니 등줄기에 땀이 흥건하다. 맨 위층에서 내려다 본 광주 시가지, 분지 위 도시라서 건물과 건물만이 숲을 이룬다. 대개 5~7층 정도의 우중충한 건물의 연속이다. 크고 깨끗한 건물은 대개 호텔이다. 광주는 화 · 교민의 고향이며 중국 대외개방무역 중심지로서 중심가를 흐르는 주강처럼 유유히 개방화의 세계로 움직이고 있는 도시였다.

일행은 19C 말에 完工한 陳氏書院으로 발길을 옮겼다. 진씨 일가의 뛰어난 조각 솜씨를 보면서 잠시나마 환상적인 공작품의 세계 속에 빠져들었다. "공수의 성녕인가, 귀부로 다듬었는가"라고 읊었던 송강 선생의 관동별곡 구절이 절로 입안에서 구른다. 지붕이며 기둥이며 실내 구석구석 채색된 자기요, 현무암의 조각이다. 각 실마다 정교한 공예품이 즐비하게 진열되어 있다.

오후 4시경, 정주로 가기 위하여 광주 공항으로 갔다. 차내에서 현지 가이드인 교포 3세 성양이 서툰 솜씨이나마 우리가요를 불러 흥취가 감돈다. 그녀는 광주에 친척이 있다 소개하고, 명절 때는 모두 모여 흥겹게 하루를 보낸다고 한다. 대학을 갓 졸업하고 시험을 치러 합격한 후 여행사에서 근무한단다. 대학졸업자의 90% 이상이 국가가 배치하는 직장에 근무하게 되는데, 중국에서 가장 인기 있는 직종은 무역업에 종사하는 것이고, 그 다음이 여행가이드와 호텔 종업원이란다. 이는 외국사람과 자주 접촉할 수 있는 기회가 많고, 부수입이 있어 보통 공무원보다 소득이 5배 이상 높기 때문이라 한다. 이에 반해 연구원은 할 일이 없어 시간 낭비가 많고 보수도 적어 인기가 없단다.

"애인 있어요?" 어느 선생이 묻는다.

"애인 없시오. 중국에서는 결혼한 사람은 애인이고, 사랑하는 사람은 연인이야요. 그냥은 친구야요."하며 얼굴을 붉힌다.

"연애 결혼 많아요? "

"예, 있어요. 그거야 눈이 맞아야지요. 그런데 반대하는 부모 많아요. 먼저 남자 쪽에 살집이 있으면 그래도 괜찮아요."

중국에도 주택난은 우리나라만큼 심각한 모양이다.국가에서 분배하는데 개인집과 상품집도 있다고 한다. 개인집은 역대로 살던 집이요, 상품집은 개인이 구입하는 집이다. 대개 1평방미터에 1,400원 한다니 (한화로 2십 2만원 정도) 웬만해서는 구입하기 힘들다. 중국인의 월평균 수입이 인민폐 100원 정도에 못 미친다니 더욱 그렇기도 하다.

호텔에서 보았던 우리 기업 마크가 달린 텔레비전이 공항 내에도 설치되어 있었다. 제3세계로 뻗어나가는 국력의 상징을 대한 듯 반갑다. 나중에 들은 얘기지만 중국에서는 한중국교가 수립되지 않아 우리기업의 상품에 국적이 표기되지 못한다 하니 경제와 정치 간의 괴리로 느껴진다.

대합실에서 기다리던 중 갑자기 대합실이 소란해 지면서 모두들 출구로 뛰어나가 일대 혼잡을 이룬 진풍경이 있었다. 분명 좌석권이 있을 텐데 중국인들은 먼저 나가려고 아우성이다. "만만디"가 무색하다.

비행기는 17:00 발 예정이었는데 10분밖에 늦어지지 않아 퍽 다행이다. 중국 국내선은 1, 2시간 늦는 것이 빈번하고 아예 못 가는 경우도 허다하단다. 날씨가 나쁘거나 고장이 났을 때 대체 비행기가 없기 때문이다. 가이드 성양의 말대로 거의 정시에 출발을 했으니 오히려 "불정상"(비정상)으로 이륙한 셈이다. 비행기 내에서 본 육지는 경지 정리가 잘된 평야였다.

정주 국제반점(호텔)에서 여장을 풀었다. 우리들의 무거운 가방들을 여행사에서 별도로 운송해 오는데 언짢은 일이 발생했다. 몇 분의 가방 자물쇠가 열려져 있고 담배 서너 보루가 없어졌다. 다행히 사전 교육대로 주요 물품은 손가방에 들고 다녀 귀중품을 잃어버린 것은 없었다. 가난한 나라의 허술함을 만나는 순간이었다. 일행 몇 분과 호텔 주변 밤거리를 거닐었다. 보도에 우리의 포장마차와 같은 야식장에는 우동, 만두, 술과 안주를 파는 노점상이 십여 개 있었다. 낮에는 중국 정부에서 배치한 직장에서 근무하고, 이제 자영이 부분적으로 허가되어 부수입을 위해 밤 10시 정도까지 운영하고 있단다. 이발소와 구멍가게에도 들러 필담을 나누었는데 "Korea"라는 영어를 알아듣지 못해 탁구선수인 "자오즈민"과 "올림픽 남조선"이라 하니 아는 체했다.

호텔 내부에는 광주에서 묵은 호텔의 방 구조와 똑같았다. 샤워기의 물이 아주 작게 나와 불편했던 점도 동일하였다.

③ 고도 낙양으로 가는 길

3일째 되는 날이다. 5월 27일 아침, 날씨는 쾌청했다. 고도 낙양으로 여정이 잡혀져 있다.

차창 밖은 평화롭게 보이는 들판이 아득하게 펼쳐져 있다. 거의 밀밭이다. 봄 수확기를 맞아, 푸른빛을 밀어내고 노릇노릇한 풍경이 지평선 쪽으로부터 짙어오고 있었다. 마음이 고향 들녘에 자꾸만 자리한다.

다시 바뀐 현지 가이드는 서른 살이 넘은 교포 3세 이양이었다. 일본에 2년간 유학했다는 그녀는 중국사에 대하여 상당한 지식을 가지고 있었다. 부친은 낙양 외국어학원 조선어를 가르치는 교수였다. 조선족임을 대단히 자랑스럽게 여기는 그녀는 사적에 대한 해박한 지식과 명랑함으로 일행과 친숙해졌다.

"빨리 통일되어 우리도 하나가 되면 좋겠어요. 북조선이 다들 너무 한다고 해요. 우리도 하나가 되면 굉장한 강대국일 텐데요. 우선 남북 왕래라도 있었으면 좋겠어요. 스탈린이 우수한 민족을 힘이 없게 하기 위해 일본만 제외하고는 한국, 독일, 중국을 그 사람이 갈라 놨어요."

내심 "중국과 대만까지도?"라는 생각도 들면서 중국에서의 스탈린에 대한 인식의 표면을 보는 것 같았다. 남북한에 대한 애정도 깊고, 견해도 현실적이었다.

2시간 남짓 차가 달려도 들은 끝없이 이어진다. 붉은 벽돌로, 보기에 6, 7평 되는 사각형의 집들이 촘촘히 길가로부터 늘어선 마을 몇 곳을 지났다. 하나같이 담벼락에는 구호가 적혀 있었고, 상점인 듯한 집들은 간판이 없으며 벽에 온통 점포이름과 취급물을 붉은 글씨로 써놓아 어지럽다.

읍인 듯한 촌락에 들어섰을 때의 일이다. 낡은 군용 트럭 위에 꿇어앉은 여섯 명의 죄인을 보았다. 목에는 무엇인가 가득 쓴 표지판을 걸고 손은 뒤로 묶여져 있다. 보안원(순경)인 듯한 두 사람이 무어라고 소리지르면서 쥐어박는다. 우리로서는 놀라운 광경이었다. 절도범이나 강도 등을 잡아 시장 터나 군중이 많은 곳에 공개하는 광경이란다. 그런 후 재판을 거쳐 감옥에 보낸다하니 아무리 죄인이라지만 인권에 소홀하다는 느낌이다. 급증하는 범죄 방지책으로 괜찮은 듯싶으나 아무래도 전근대적인 살벌한 모습이다.

황사 바람이 불어 희뿌연 어느 촌락에 들어서 꽤 큰 시장을 들러 볼 기회가 있었다. 채소점, 신발점, 의류점, 정육점, 잡화가게 등이 좁은 골목에 늘어서 있다. 와글거리는 장터의 모습이 영락없이 우리 시골 장 풍경이다. 그러나 식품은 위생적이지 못한 상태에서 판매되고, 상품들이 하나같이 우리의 60년대 또는 70년대 초반 제품을 보는 듯하다. 거친 손과 초췌한 차림, 삶에 쪼들리고 그을린 얼굴, 그래도 순박함이 깃들어 있어 보인다. 여느 때와 같이 함께 기념촬영도 하고 우리 상품으로 준비해간 선물을 도움 준 사람에게 정중히 주면서 대한민국에서 왔음을 알리는 선생님들이 많아 "민간외교 모습이 바로 이런 것이구나." 하는 생각이 들어 흐뭇하다.

이동하는 도중 황사 언덕 벼랑과 야산에 두어 사람 드나들 정도의 구멍이 많아 물으니, 현재 사람이 살고 있는 토굴집이란다. 여름에 시원하며 겨울에는 따뜻하고 건축비가 적게 들어 동굴을 파 그 속에 살림을 꾸려 놓았단다. 건축물이 발달한 현대에도 이런 곳이 있다니 놀라웠다. 일행의 요청으로 어느 토굴집을 방문해 보았다. 허리를 약간 굽혀 들어갈 수 있는 입구에 출입문을 달았다. 뜰에는 농기구가 있고 닭들은 모이를 쪼고 있다. 두 개의 굴 중 하나에 정중히 인사를 하고 들어가 보았다. 손자를 안고 있던 노모 한 분이 웃으며 반긴다. 고교생 정도의 딸에게 동양지도를 그려주고는 한국을 가르키며 이곳에서 왔다고 하니 해맑게 웃으며 끄덕인다. 안은 4~5 평 정도 넓이의 직사각형 모습이고 천장은 원방형으로 붉은 벽돌로 쌓아 만들었다. 외부 쪽은 공부방 겸 부엌 겸 책상과 몇 개의 가구, 부엌 시설물로 도마와 찬장이 있다. 안쪽은 커튼으로 가려져 있는데 아마 침실인 듯 했다. 갑작스레 방문한 이방인임에도 노모와 아들 젊은 부부, 노모의 딸은 친절하게 배웅해 주었다. 다정한 사람들이다.

얼마간 달리다가 백이숙제의 고사가 담긴 수양산에 대한 안내가 있어 주의 있게 살펴보았더니 평소 상상했던 것과 전혀 다른 모습의 산이다. 지리산이나 적어도 관악산 정도는 되겠거니 생각했기 때문이다. 서울 남산은 오히려 수양산에 비하면 너무 큰 산이다.

낙양이 가까이 이르렀을 때 영국에서 북경까지 대장정 자동차 경주대회 차량을 만나기도 했다. 미국, 영국, 일본, 독일 등의 차량행렬이 황사 먼지를 휘감으며 가는 모습이 장관이다. 우리나라 기업도 참가했다는 말을 듣기는 했으나 확인할 수가 없다.

출발한 지 4시간 30분 만에 낙양에 도착했다. 도시를 지나면서 고도의 모습이 상상과는 전혀 달라 실망했다. 하, 은, 후한, 위, 수, 당나라 등 역대 12왕조가 도읍을 정했고 중국 4대 발명품인 채륜의 제지술 발명지이며, 노자, 두보, 이백, 백낙천 등의 많은 문인 예술가의 자취가 있는 곳인데 지금은 중공업 도시로 변모해 가고 있었다. 거리 화단에는 목단이 많다. 4월 1일이면 목단회가 열려 관광객이 많이 몰린다고 한다.

중국의 최초의 절인 백마사를 들은 다음 중국의 무까오, 윈깡 석굴과 더불어 중국 3대 석굴의 하나인 龍門(롱먼스)석굴을 둘러보았다.

서기 494년 북위가 대동해서 낙양으로 도읍을 옮기면서 건설이 시작되어 당대에 이르기까지 400년간에 걸쳐 이루어진 장대한 석굴군이었다. 이 일대에 1, 352개의 석굴과 약 10만 개의 불상이 있다하니 그 규모를 짐작할 만 하다. 입구로부터 잠계사동과 80만 명이 동원되어 완성했다는 賓陽三洞석굴을 보면서 강변을 끼고 거슬러 올랐다. 만불동에는 동굴 양쪽 벽에 4~5센티 정도의 작은 불상이 빽빽이 조각되어 있었다. 1만 5천개란다. 한창 보수공사 중인 곳도 많았다. 가장 웅대한 석굴은 奉先寺洞 석굴이었다. 당대에 만들어진 17미터의 좌불상이다. 주변에 1, 2미터 정도의 석굴이 산재해 있었다. 조선어학과를 나온 중국인 안내원의 말에 따르면 신라인이 제작한 석불도 있다는데 어느 것인지를 확인할 길이 없다. 더러 도굴단이 떼어낸 것도 많아 안타깝다. 현지인의 말에 의하면 "미국사람이 모두 그 짓을 했다고 들었다." 하여 사상교육의 사고에서 나온 것이지 알 길이 없다.

석굴 앞의 강은 우리나라 낙동강 상류의 모습이다. 얕은 물가에는 모래밭에 옷을 벗어두고 아이들이 물놀이를 하고 있어 정겹다. 더러 낚시하는 청년도 보인다.

강을 건너 대시인이었던 백낙천(白居易)의 묘에도 들렀다. 백거이 문학은 우리나라와 일본 문학작품에도 많은 영향을 미친 바가 있어, 그의 작품을 종종 접해 본 이가 많을 것이다.

입구에 무명지 손가락으로 서예를 하는 분을 만났다. 작품 한 편을 동료교사에 선뜻 선물을 해주어, 보답이자 기념 삼아 나도 처음 해보는 서툰 솜씨나마 "淸心淸書"라고 써 보였더니 우호적으로 악수를 청해온다.

오래간만에 한적한 숲 속에서 계곡 물소리에 잠겨 백거이의 시 한편으로 시심을 돋우어 본다.

蝸牛角上爭何事(와우각상쟁하사)
石火光中寄此身(석화광중기차신)
隋富隋貧且歡樂(수부수빈차환락)
不開口笑是癡人(불개구소시치인)

— 對酒 —

달팽이 뿔같이 좁은 세상에서 무엇을 다투는가
부싯돌 튀는 불꽃처럼 짧디짧은 이내생애
잘 살든 못 살든 기쁨으로 살아야 하지 않겠는가?
입벌려 웃을 줄 모른다면 그 사람은 천치이지.

④ 역사의 윤회

정주에서 또 하룻밤을 보내고 상쾌한 아침 공기를 마시며 商大(은나라) 유적을 찾았다. 자전거 왕국답게 월요일 출근길은 자전거를 탄 사람들이 도로 양편 자전거 전용도로를 메우고 있었다.

사마천의 사기에 언급된 은왕조는 40년 전까지만 해도 전설상의 왕조로만 여겨왔다. 이곳에서 7km에 달하는 토성이 발견되면서 그 존재가 입증된 것이다. 높이 3m 남짓 되는 토성은 전시각을 지어 보존하고 있었다. 지금으로부터 약 3,500년 전에 이루어진 것이라니 중국의 오랜 역사의 실체를 대면하는 것 같았다.

정주 공항에서 항공편으로 북경에 도착했다. 정오가 조금 지난 시간이다. 공항에서 북경 시내로 가는 길은 아카시아, 백양나무 가로수로 덮여 있어 시원스럽다.

시외에는 낡고 허름한 집이 많았으나 북경에 다가 갈수록 꽤 단정하다. 북경아시안 게임을 대비하여 도로 정비와 건물 신축이 한창이다. 여느 곳과 마찬가지로 안내자는 지나가는 곳마다 호텔을 소개하곤 한다. 눈에 띄게 크고 깨끗한 건물은 호텔이 대부분이니 그런가보다.

시내 차도는 비교적 한산한 편이다. 차량보다 자전거로 오고가는 사람이 유달리 많다. 우리의 자전거와 동일하지만 대개 전조등이 없고 번호판이 부착된 것이 이색적이다. 마소가 끄는 우마차나 자전거인력거가 거리를 활보하고 있어 현대와 구시대가 공존하고 있는 모습을 볼 수도 있었다. 지나가는 자동차 중에서 반수는 일본의 "산요"나 "도요다" 제품인 것을 보면 일찍이 자유중국과 국교를 단절하고 중국과 교류하면서 일본이 무엇을 했는지 그 장삿속을 알겠다.

점심 식사 후에는 이화원(頤和園)으로 향했다. 작년에 수입 개봉되었던 "마지막 황제 푸이"라는 영화 속 장면에 나온 몇몇 장소는 눈에 익다.

큰 호수가 곤명호요, 호수 곁에 만수산이 있다. 서태후의 별궁으로 더욱 유명한 이곳은, 안내자의 말에 의하면 서태후가 수십만 명의 백성을 동원하여 판 것이 곤명호이며 그 흙을 쌓아 만수산이 되었다 한다. 그러나 사실에 의하면 12C 금나라 황제가 궁전을 조성한 것을 명을 거쳐 18C 중엽 청의 건륭제가 곤명호를 확대하고 만수산에 건물을 지었다고 되어있다. 1860년 제2차 아편전쟁으로 영 · 불연합군에 의해 거의 파괴된 것을 악독한 섭정으로 유명한 서태후가 국가 경비를 유용해서 대규모 재건 사업을 재개하여 이룬 곳이다. 그 탕진으로 말미암아 국력이 쇠

약해지고 군함 건조가 중단되어 청일전쟁의 대패 요인이 되었다. 당연한 소산이다.

황제가 정치를 하던 인수전과 서태후 60세 생일을 기념하여 세운 70만 냥의 은이 소요됐다는 덕화원, 서태후가 선물로 받은 시계 등이 전시된 이락전, 서태후가 기거하던 낙수전, 곤명호 호변으로 1km에 가까운 눈비와 해를 가리며 거닐 수 있도록 한 복도를 거닐면서 중국의 화려하고 웅장한 문화 유적에 경탄스럽기도 하지만 왕조의 지나친 허영심과 권위의 상징물을 보는 것 같기도 하다. 세계사에서 민의를 저버리고 사복에 급급한 왕조는 한결같이 나라를 잃거나 혼란에 빠졌으니 역사는 준엄하다. 인간은 이러한 사실을 잘 알면서 때로는 잊고 살아가는가 보다.

5월 29일, 오전에는 북경 북부 교외에 있는 명나라 13기의, 황제릉을 관람하였고 오후에는 북경에서 3시간 거리에 있는 만리장성에 올랐다.

13능의 진입로는 신하상인 12체 석상과 코끼리, 낙타, 사자 등의 석상이 일정한 간격으로 배치되어 있었다. 흡사 에어컨 장치를 한 것 같은 서늘함이 감도는 정릉 지하관전은 아치구조의 웅대한 3칸의 석실이다. 가운데 위치한 지하관전에는 황제로 군림하고자 했던지 대리석 옥좌까지 마련되어 있었다. 황제와 황후 두 명의 관이 석대 위에 놓여져 있는 후전까지 포함하면 십 미터 가량의 폭과 높이에 전장 백 미터는 족히 되어 보였다. 황제 생전에 수만의 백성을 동원하여 준비했다 하니 그 위세를 가히 짐작할 만하다.

달에서도 유일하게 보인다는 인공건조물 만리장성, 중국의 상징이기도 하여 설레며 기대했던 곳, 그야말로 이루 형언하기 어려운 대장관을 곧 대할 수 있었다. 산등성을 넘고 계곡을 가로지르면서 아득히 사라지는 성곽, 차라리 용트림이랄까? 대역사의 경이로움을 만난다.

경사가 급한 3번 성루를 지나 망원경으로 먼 산등성이를 보니 그곳은 토성인 듯하다. 기원전 5세기 이후 각 제후국들이 북방의 흉노의 침입을 막고자 쌓았던 성을 진의 시황제가 수백만 백성을 동원하여 대토목공사를 일으켜 연결한 것이 만리장성이다. 수많은 후세 사학가들이 이 장성을 훌륭한 치적으로 평가하기보다는 과오로 지적하고 있으니 안민을 위한 성이라기보다 영원히 제업을 이어가고자 한 과욕의 역사물이기도 했다. 공산 권력의 중국을 보고 있노라면 여러모로 2천년 전의 진시황의 모습을 되새김질하는 듯한 기분을 떨쳐버릴 수가 없다.

賈誼의 〈過秦論〉을 보면 '진시황은 스스로 천자의 자리에 올라 천하를 호령하였다. 짧은 회초리, 긴 매 등 여러 형구를 갖춰 놓고 온 세상 사람들을 태장질하니 사해 밖까지 위세를 떨쳤다. 장수 비결을 찾고, 만리장성을 쌓아 인의의 도를 폐하고 백가의 모든 책을 불살라 백성들을 어리석고 약하게 만들었다. 자손만대 황제의 업을 꿈꿨으나 일족은 하루아침에 자취를 감추니 천하의 웃음거리가 된 바, 이는 백성을 적으로 알아 형과 법만으로 나라를 다스려 민심을 얻지 못했고 그 권세를 남용했기 때문이다.' 라고 쓰고 있다.

어찌 진시황의 권력과 愚民정책에 대한 원성이 요즘의 민주화를 갈구하는 국민의 함성과 어찌 무관하다하리요. 역사의 강은 흐르고 시대의 강 또한 흐르건만 흐르지 않는 체제와 나라는 썩기 마련이며 국민은 갇혀진 세계에서 신음과 고통에 시달리는 것은 당연하다. 이제 중국도 경제적인 문호뿐만 아니라 정치적인 개방화도 이루어야 과제를 안고 있는 셈이다.

장성의 벽돌마다 관광객들이 새겨놓은 이름과 낙서가 온통 써 있어 안타깝다. 이제 역사의 현장은 한낱 볼거리로만 남아 있는 듯 하다. 아주 오래된 듯한, 비바람에 깎여 글씨를 알아보지 못할 정도의 낙서도 있어 이화의 글귀대로 "蔡毒生靈 萬里朱殷 (살아있는 영혼은 씀바귀를 씹은 듯, 독충에 물린 듯하고 만리장성의 돌들은 백성들의 검붉은 피로 물들였다)"의 한이 새겨져 있는 듯하다.

저녁 어스름이 어느덧 밀려와 있었다.

북경시내로 돌아와 교민과 대화를 가졌다. 북경요리로 유명한 만두피에 싸서 먹는 카오야(오리고기)를 곁들인 저녁식사를 하면서.

함경북도가 고향인 천민수씨와 정중학씨는 교포 2세이지만 환갑이 넘은 분들이다. 우리 교포(조선족이라고 칭하고 있었음)들은 남달리 교육 열의가 높아 문맹이 없고, 성실하고 근면성이 다른 소수민족보다 뛰어나 평균적으로 생활수준이 좋다고 한다. 북경에는 4천 명 정도의 동포들이 살고 있는데 60%가 기술공사에 근무하고 있으며 각 배치 분야에 그 솜씨를 인정받고 있다고 하니, 공업입국의 기능을 세계에 떨친 우리의 잠재력을 여기서도 확인할 수 있었다.

연세 많은 동포들이 걱정하고 있는 것은 후세들의 "華人同化(화인동화)"라고 한다. 중국인들과의 결혼이 많아지고 각 지역에 진출하여 사는 경우가 늘어나 더욱 그렇다 한다. 그래서 조선족의 중국 동화에 고심이 커 우선 조선말을 잊지 않도록 애쓴단다. 후대 청년들 중 우리말을 모르는 경우가 늘어나고 있으나 조선민족이라는 긍지감을 갖고 말을 배우려는 자세는 모두 지니고 있다고 전해 좌중을 뿌듯하게 했다.

교포분과 아쉬운 작별을 하고 북경의 야경도 즐길 겸 천안문 광장으로 갔다. 화등(華燈)이라는 가로등이 즐비한 천안문 광장을 지나 성벽을 끼고 중산공원까지 산보를 하였다.

더러 젊은 남녀가 벤치에 앉아서 데이트를 즐기고 있는 모습도 보인다. 그러나 그리 많지는 않았고 한산한 편이다. 9시경인데도 상점은 거의 닫혀 있었다. 불야성을 이루는 서울거리에 비하면 통행하는 차량과 인적이 드물어 한적하다. 백 미터 거리로 공안원이 배치되어 있으나 검문을 받지는 않았다. 좀 떨어진 대로 옆에 우리의 "삼성전자" 네온사인이 가장 눈에 띄게 빛나고 있어 반갑다.

5 고궁과 천안문 광장에서

비가 내리고 있었다. 그 동안 후덥지근한 날씨였던 터라 오히려 상쾌한 바깥 공기를 쐴 수 있어 좋다. 5월 30일이다.

벌써 여행을 떠나온 지 6일째 되는 날이다. 여가 없이 짜여진 일정에 목이 말라도 수질이 나빠 함부로 물을 먹을 수가 없고, 교외 화장실의 불편함, 야간에 상점을 이용할 수 없다는 점, 비수교국이며 체제가 다른 데 대한 보이지 않는 심적 제약, 식사와 언어소통의 불편 등 예상은 했지만 실제 체험에 이르니 귀국일이 그립기도 하다. 그러나 하루하루 새로운 세계에 대한 경이가 하루의 출발을 설레게 한다.

오전에 북경 제35중 · 고등학교를 방문했다.

교정에 들어서니 운동장이 매우 협소하다. 우리 같으면 헐고 다시 지어야 할 건물로 보였지만 실내에는 콘크리트바닥에 물을 뿌리고 깨끗이 정리 정돈되어 있었다. 교도주임의 안내로 영어수업을 하는 중3 교실에서 수업참관을 하였다. 60여명의 학생이 영어교사의 지도에 따라 진지하게 수업을 받고 있었다. 교과서 지질이나 인쇄 상태는 뒤떨어진 편이며 교실 내의 게시물이 그리 많지 않다. 게시판은 칠판으로 되어 있어 분필로 모두 그리고 써 놓았는데 판면이 고루지 못하여 흡사 합판 위에 글씨를 쓴 것 같이 보였다. 고1학년 물리 수업을 참관한 후 도서실, 과학실험실, 생물 표본실을 돌아보았다. 컴퓨터를 가르친다 하였으나 컴퓨터는 보지 못했다.

접견실에서 학교 현황에 대하여 소개를 받았다. 학생 1,600명에 교사 160명이라 하니 우리나라보다 교사당 지도학생수는 적다. 모두 계약에 의하여 채용되는 교사 주당시수는 12시간이라 한다. 교과목은 우리와 비슷했으며 한 학기당 학교공장에서 2주간 노동시간이 있는 것이 다르다. 학교교육 계획서가 있으면 보고 싶다고 요청하니 교육계획서는 중앙에서 전달되어 내려온다고 하였다. 사회주의의 체제 교육의 획일성을 짐작할 수 있었다. 1923년에 건립하여 전통이 오랜 이 학교는 유소기 부인이 이 학교 출신이며, 독일 바바리시교육위원회와 일본 몇 곳의 학교와 자매 교류를 하고 있었다. 출신 중학생 100%가, 고교반 95%가 상급학교에 진학을 하고 있다고 자랑하는 걸로 보아 입시 열기는 우리 못지않은가 보다.

사실, 문화혁명기인 60년대 말만해도 중국 교육은 학생노동과 혁명사상을 주입시키기 위한 도구였을 뿐이다. 그래서 학교는 혁명성이 강한 학생들의 통제 하에 두게 되었고, 이로 인해 학생들은 학문보다 혁명성을 인정 받기 위해 폭력 경쟁을 벌이고 심지어는 지식분자인 교사를 축출하고 구타하는 사건이 빈번했다 한다. 그러나 이제 중국은 교육의 중요성을 인식하여 능력에 따른 교수와 교내 폭력을 일소케 했다. 정신노동도 육체노동만큼 명예로운 것으로 천명하여 교사의 대우도 나아졌다 한다. 다만, 국민학교 교사는 주택공급이 없어 인기가 없으며 교직이라해서 크게 생활수준이 나아진 것도 아니어서 부업을 하여 생계에 보탬을 주는 경우가 많다고 한다. 또한, 농촌에는 빈곤에 따른 노동력이 필요로 하여 미취학한 아동이 많아 문맹률을 줄이지 못하고 있다 한다.

학교 문을 나와 빗길 속을 달려 자금성과 천안문 광장으로 향했다. 거리를 유심히 살피며 오다보니 도심 도로변에 고층아파트가 많아 의아스러웠다. 우리나라의 경우 도로변은 주로 상점이나 사무실 건물 등 사업용이 대부분인데 여기서는 상점이라야 50여 미터 정도에 하나 꼴이다. 그것도 외국인 전용 상점인 우의(友誼)상점이 많다. 고층아파트에 가려 보지 못했었는데 관심을 갖고 보니 뒤쪽은 낮고 허름한 건물의 주택가임을 알 수 있었다. 어제까지는 생각보다 꽤 번화하다 여겨는 데 그 이유를 알 것 같다.

천안문 광장, 지난 해 민주화 시위로 세계의 이목을 집중 시켰던 곳, 또 한번의 강권에 눌려 민의가 아비규환 속에서 눈물로 쓰러져야 했던 어쩌면 중국의 어두운 역사가 윤회되어 듯한 현장에 도달했다.

비는 계속 내리고 있었다. 빗물이 흐르듯 중국은 흐르는가? 심각한 경제 문제를 해결하기 위하여 대외무역 개방은 물론 문호를 점차 열고는 있으나 체제의 문을 아직 닫고 있음을 여러 곳에서 피부로 느낄 수가 있었다. 부분적이나마 개방에 따른 경제주의가 정착되어가고 있고, 교육의 기회 확대로 해외유학생들이 늘어감에 따라 이들의 신사고와 여러 부류에서 겪는 자본주의 세계에 경험의 충격이 커감에 따라 갈등과 비판의 목소리는 그 폭발성을 지니고 있는 셈이다.

1천여 명이 희생되었다는 천안문 6.4사태 1주년을 눈앞에 두고 있었지만 겉으로는 평온한 모습이다. 빗속에서도 관광객들이 많았다.

자금성 남문인 천안문과 모택동 기념관 사이에 인민영웅기념비가 서 있다. 이를 중심으로 펼쳐진 광장은 세계 최대 넓이라지만 시야로 따진다면 여의도 광장보다 좁았다. 천안문의 중앙에는 6.4시위 때 페인트를 뿌린 혐의로 어떤 교사가 종신형을 받았다는, 모택동 사진이 커다랗게 걸려 있다.

古官博物院(자금성)은 그 규모가 우선 보는 이를 압도한다. 990칸으로 이루어진 각 건물의 지붕은 빛바랜 황금색으로 되어 있었고 좀 음산한 십 미터 높이의 붉은 성벽으로 둘러싸여 있었다. 황제가 정무를 보던

외조(外朝)와 내관(內官)의 내정(內廷)으로 이루어져 있다. 내관치고는 고목을 그리 볼 수 없다는 것이 의아스러워 안내자에게 물으니 자객의 은신과 궁인의 탈출 또는 적의 잠입 은폐물로 이용될 염려가 있어 심지 않았다는 것이다. 이렇게 지나치리만큼 높은 성벽과 담에 갇혀 있었으니 백성의 어려움을 어찌 알며 제대로 백성의 소리가 전달되었을까?

성벽과 성벽 사이에 서고 보니 중국의 상징을 보는 듯 갑갑하기 이를 데 없다. 혹 중국은 자금성에 갇혀 역사의 수레바퀴를 되풀이하고 있지는 않은 지, 교외에서 본 찌든 중국인의 일상 삶의 모습을 떠올리면서 잘 꾸며놓은 모택동 전시관과 이 황궁을 보고 있자니 극과 극의 아이러니 속에서 길을 잃은 듯하다.

오후 4시가 되니 비가 그친다. 발걸음을 300년 가까이 전통을 지닌 동인당 한약방으로 옮겼다.

뒷골목을 선택하여 걷다보니 불과 몇 십 미터 밖에 있는 대로상의 세계와는 달리 누추하기 짝이 없는 주택가를 만난다. 우리네의 달동네를 모아놓았다고나 할까? 큰 골목은 근래에 부쩍 늘어나고 있다는 자유시장 (국영이 아닌 개인이 운영함)이 늘어서 있고 작은 골목에는 가끔 채소점을 만날 수 있었다. 가옥들은 한결같이 회색의 시멘트담과 벽인데 칠을 하거나 보수한 적이 없어 대단히 우중충하다.

백 미터 정도마다 '男厕所', '女厕所' 라고 쓰인 공용건물은 중국 특유의 공중변소였다. 일반 가정에 화장실이 없는 경우가 많기 때문에 부락별로 공용화장실을 지어 이용한다는 것이다. 특이한 것은 콘크리트 바닥 위에 사각형구멍만 있지 칸막이가 전혀 없었다. 우리로서는 당혹스러울 일이다. 숙소에 돌아와 안내원에게 물어 보았다. 한국에 유학한 적이 있는 가이드였는데 웃으며 이렇게 다시 나에게 다시 물었다.

"한국의 대중목욕탕은 모두 벌거벗는 데도 칸막이가 있습니까?"

아, 그렇구나. 상호간 문화를 존중하고 이해하는 일은 매우 중요하다. 어리석은 사람은 타문화를 외면하고, 단순무지한 사람은 숭배하며, 현명한 사람은 인정한다는 것을.

동인당 내에는 약을 사거나 조제하는 사람들로 북적대고 있었다. 대머리 약인 '101' 은 한국어로도 용법이 쓰여 있는 것으로 보아 한국 관광객이나 방문자들도 어지간히 단골인 모양이다. 중국을 다녀오는 사람은 으레 '우황청심환' 을 사온다. 1개당 한화 900원꼴 정도이니 국내 가격보다 매우 싸다. 한국인들이 오면 다량으로 구입하여 품절되기가 일쑤란다. 선물용으로 얼마간 사는 경우도 있겠으나, 싼 맛에 또 중국약이라면 맹신하는 이도 있어서 일 것이다. 이 탓에 가짜가 요사이 부지기수로 유통되고 있다니 절제해야 할 일이다. 사실 동의보감에 수록된 청심환의 약제 원료는 30종이 넘는다고 한다. 중국 한방서는 8~10종 약제만 기록되어 있고 본래의 약효와는 거리가 먼 효능이라서 믿을 수 없다는 것이 전문가의 견해이다. 그래서 '우황청심환' 의 효능은 한국산이 정평이 나있단다. 어쨌거나 여행을 다녀오면 현지의 물품으로 선물을 주고자하는 인심이 우리네이긴 하지만, 전문지식도 없이 다량 구매하는 소치가 더 이상 있어서는 아니 될 것이다.

오늘은 밤 9시 비행기 편으로 상해로 가기로 되어있어 서둘러 공항으로 향했다.

⑥ 선각자들이 발자취를 찾아서

중국에서 마지막 여정지인 상해이다.5월 31일이다. 내일이면 일본으로 떠나는 6월의 첫날이다. 자유를 위해 몸 바친 넋을 기리기 위한 현충

일이 있고 결코 잊어서는 아니 될 6.25 사변일이 있는 달이다.

상해는 우리에게는 감회가 남다른 도시이다. 독립운동가들의 발자취가 곳곳에 서린 곳이기 때문이다.

아침 식사를 마치고 윤봉길 의사의 의거 현장인 홍구공원으로 갔다. 공원 정문에는 '노신 공원' 이라 명명되어 있었다. '阿. Q 정전' 으로 우리에게도 잘 알려져 있는 중국의 대문호 노신을 기념하기 위하여 몇 해 전에 공원명을 고쳤다 하니 홍구공원이 더 친숙한 우리로서는 조금은 섭섭하다.

공원 내 여기저기서 봉술 체조나 태극권으로 신체를 단련하는 노인들을 많이 볼 수 있었다. 1932년 윤봉길 의사가 일본 침략국의 전승 기념식에 폭탄을 투척하여 독립의 혼을 불살랐던 그 현장에는 밧줄로 둘러놓았을 뿐 안내 표지판조차 없다. 국교가 수립되어 기념비라도 세웠으면 하는 생각이 절로 든다. 안내인에게 "북한의 공관원이나 관광객이 이곳에 온 적이 있느냐고" 물으니 "그들은 김일성이 해방시켰다 하더라."라는 것이다. 우상화에 열사들의 행적마저도 지우고 있다니 웃지 못할 노릇이다.

노신 기념관 안으로 안내되었다. 기념품 판매점이다. 아무리 둘러보아도 노신을 기념하는 전시물이 보이지 않아 물어보니 2층에 있단다. 다른 곳에서도 번번이 그랬지만 중국 안내원은 지나치게 쇼핑점을 안내해 준다. 만리장성에서도 좀더 둘러보고픈 마음인데 서둘러 재촉하여 간 곳이 우의상점이었고 그곳에서 오히려 활용시간을 많이 주어 일행 모두 조소를 금치 못했었다. 상행위가 지나치다. 그것도 터무니없이 비싼 가격표를 달아놓고 깎아주는 체하면서.

기념품점 입구에 윤봉길 의사 의거를 기념하기 위하여 중국인 서예가가 어록을 썼다는 서예작품을 판매하고 있었다. 유일하게 대하는 의사의 체취이건만 기념관 어느 귀퉁이라도 의거 안내문 하나 없어 한국 방문객을 겨냥한 중국인의 상술을 보는 것 같아 씁쓸한 기분이 감돈다.

오후에는 옥불사를 들린 뒤 중국의 3대 호수이며 10대 절경에 든다는 태호(太湖)로 가기 위해 무석행 기차(화차)에 올랐다.

우리 일행이 탄 객차 칸은 軟座(연좌-부드러운 좌석)이고 뒤편에 단 차량은 硬座(경좌-딱딱한 좌석)로써 중국 내국인이 이용한다. 칸마다 여안내원이 있고 경좌 칸을 구경코자 가려했으나 가지 못하게 한다. 버스와 마찬가지로 기차를 타려는 사람들이 서로 먼저 타려고 혼잡을 이루자 철도공안원이 질서를 잡는다. 우리 객차 내에는 대만 관광객들이 많았다. 자유왕래할 수 있는 모습을 보니 부럽다.

차창을 스치는 시골 풍경을 보면서 차 한 잔을 마셨다. 중국 사람들은 '사흘 밥은 굶어도 하루 차 한 잔은 못 굶는다.' 한다. 영어의 'Tea' 어원이 중국에서 나온 것이니 천여 년이나 된다는 차문화를 짐작할 수 있겠다.

태호의 물은 황토의 영향인 듯 매우 혼탁하였다. 생활수단으로 고기를 잡는 황포돛단배가 한가롭게 떠있는 것과 아득하게 광활한 것을 제외하고는 별 감흥이 없으나, 가슴이 탁 트여 여행의 피로를 씻어 주는 듯하다. 주위 풍경은 절경이라는 이름에 걸맞지 않게 그리 뛰어나지 못했다.

북한에서 몇 해 전에 중국인 남편을 따라 이민 왔다는 안내자에게 이러한 감상을 말하고는 "금강산에 그 아름다움을 비하겠습니까?" 라고 물으니 "금강산에 못가봤시오, 백두산은 가도 금강산은 관광 못 가요. 군사지역이라 금지되어 있시오." 라 한다.

7 중국이여, 안녕

6월 1일, 8일째 되는 날이다. 상해 공항에서 중국 민항편으로 일본 오사카를 가기 위해 비행기에 올랐다. 일행 모두는 그간의 불편하고도 바쁜 일정에 쪼들린 듯 피곤한 빛이 역력했으나 서로의 추억담을 상기된 표정으로 나누고 있었다.

비행기가 서서히 이륙하자 긴 터널을 벗어나는 기분이 든다. 비단 나뿐만 아니리라.

문득 어느 교포의 말이 생각난다.

"이제 공산주의의 유행은 지났시오."

인공위성을 쏘아 올리고 핵무기를 개발했다고 해서 대국은 아니다. 인구와 국토가 넓다고 해서 더더욱 대국일 수는 없다. 중국은 잠재력이 충분하다고 한다.풍부한 자원과 인력, 오랜 역사와 문화의 저력이 뒷받침하는 나라여서이다. 그러나 잠재력이 잠재력으로만 남아서는 현대 세계에서 영원이 후진국일 수박에 없다. 세계사는 군사력이 정치력을 좌우하면서 흘러 왔을지 모르나, 또 막강한 중앙 집권력이 국민의 권리까지 좌지우지하여 왔을지 모르나, 분명 변화하고 있다. 동구권의 변화가 그것이며, 일본의 세계시장 제패가 그것이며 우리나라를 포함한 신흥공업국이 국제무대에서 주목 받는 것도 국민 생활과 나라의 경제력이 그 뒷받침되었었다는 사실이 잘 말해 주고 있다.

광국이여 안녕, 물은 영원히 갇혀져 있지는 않으리라.

어떠한 이념이라도 인류의 문제를 모두 해결할 수는 없다. 공산체제의 통제가 국민의 삶을 균등한 복지로 이끌기는커녕 균등하게 찌든 삶을 초래시켰다는 사실을 이곳에서 절실히 보고 느꼈다. 국민들에게 직접적으로 필요한 신발 한 켤레, 옷 한 벌, 비누 한 장과 농기구 어디에도 하나

같이 후진성을 면하지 못하고 있었다. 이제 중국이 후진성에서 벗어나는 길은, 진정한 대국이 되는 길은 세계 추세에 뒤떨어지지 않게 개방의 문호에 더욱 박차를 가하는 길 뿐일 것이다. 천안문 사태 이후 중국 공산당 지도층은 이념과 사상성 강화에 더욱 박차를 가하고 있다고는 하나 중국의 역사가 그래 왔듯이 결코 영원한 압제란 있을 수 없을 것이다. 인간 개인의 본성인 자유에 대한 욕구는 점차 저변까지 확산되고 그것은 천부의 권리를 주장하는 개혁운동으로 점차 확대되기 마련이다.

중국은 분명 세계화와 개방 체제로 방향을 잡고 거대한 강처럼 변화하고 있다. 다만 그 인민 개개인의 삶과 생활이 아직 변화하지 못하고 있는 게 사실이다. 그러나 개방화에 성공한다면 중국은 머지않은 장래에 인구가 많고 땅이 넓은 광국(廣國)이 아니라, 세계 시장을 향해 이제 깨어나는 광국(光國)이 되리라 본다. 인구, 자원, 식량의 요건을 다 갖춘 상태에서 이제 막 인재를 길러 개방화 물꼬를 크게 틀고 있으니 이 생각은 틀림이 없으리라.

일본 오사카에서 금각사와 이조성, 오사카성을 둘러보고, 교또의 동대사를 관광 한 후 6월 3일 귀국길에 올랐다. 유적의 재료로 보아 우리나라가 돌의 나라라면 중국은 벽돌의 나라요, 일본은 나무의 나라라고 볼 수 있겠는데 목조건축물 유적이 유달리 많았다.

일본에서 이틀 묵는 동안 일본은 역시 잘 살고 있는 나라라는 것을 한눈에 알 수가 있었다. 중국과는 너무나 대조적인 세계였다. 우선 번화한 거리에 사람들의 생활이 활기차 보였다.

유적지는 중국에 비하여 역사도 규모도 떨어지지만 조리 있게 소개하고 있었다. 심지어 발굴 과정까지도 자료사진과 함께 자세히 소개하고 있어서 작은 것에도 소홀히 하지 않는 면모를 여기서도 볼 수 있었다. 어찌 보면 포장 솜씨가 뛰어나다고나 할까?

특히 기억에 남는 것은 거리가 청결하고 질서가 있다는 점이다. 또한, 수학여행을 온 학생들이 자신들의 유적지에 대하여 대단히 학구적인 태도로 관찰하고 있었다. 손에는 유적지 지도와 간단하게 소개해 놓은 안내서를 들고 그때그때 안내자의 설명을 보충 메모하고 있었다. 사전에 학교에서 자료를 만들어 주어 과제로 삼은 듯했다. 또 하나 인상에 남는 것은 도심으로 흐르는 시내가 발을 담그고 싶을 정도로 깨끗하여 놀라웠다.

오사카에서 자정까지 동료들과 술로 그간의 피로를 푼 적이 있었다. 그 때까지 거리에 영업을 하고 있는 상점은 술집, 서점, 편의점이었다. 문득 일본의 특성을 대변해주는 것 같은 생각이 들었다. 술집이라는 유흥과 서점이라는 지식사회와 편의라는 일상생활이 24시간 존재한다는 것이 그것이다.

일본을 여행해 본 사람들은 대개 한국의 실체에 대하여 왜소함을 느끼고 그들의 생활을 부러워한다고 한다. 내가 보기에는 몇 해 전의 일일 것이다. 오히려 경제 대국인 일본에 다가서고 있다는 느낌이 들어 뿌듯하다.

잠깐 사이에 우리나라 상공에 다다랐다. 평야로만 펼쳐진 중국과 도심지로 이어지는 일본의 모습보다, 한국인이어서가 아니라 부분적인 관찰이어서가 아니라 참으로 갖출 것 갖춘 아름다운 강산이다.

평소 가보리라고는 생각지도 못했던 중국과 가깝고도 멀다는 일본을 다녀오면서 이 귀중한 체험이 학교 교육에 크나큰 도움이 되리라 확신한다. 그간에 하나라도 놓치지 않으려고 애쓰면서 민간외교의 몫까지 충실히 하여 온 제 28연수단 모든 선생님들도 소중한 기회로 간직할 것이다.

이제 한국은 세계로 진출하는 한국이 아니라 진출한 한국이다. 그렇다고 흥분해서도 아니 되며 감상에 젖어서도 아니 될 것이다. 그렇다고 현 위치를 격하해서도 격상시켜 평가해서도 아니 될 것이다. 한층 더 냉정한 시각으로 대해를 바라보며 흘러가야 하리라.

(*이 글은 한중 국교 수립 전인 1991년, 정부 주관으로 보내준 중국 연수에 대한 기행보고문이다. 당시 중국의 사회상과 이에 대한 사고를 엿볼 수 있어 그대로 싣는다. 요즘의 중국과 비교하면 격세지감이다.)

이하(李夏)의 시가 있는 산문

86억 명이 탄생시킨 존재

2007년 8월 10일 초판1쇄 인쇄
2007년 8월 20일 초판1쇄 발행

저자와의
협의하에
인지생략

저 자 이하(李夏)
펴낸이 임순재
펴낸곳 한올출판사
등록 제11-403호
121-849
주 소 서울특별시 마포구 성산동 133-3 한올빌딩 3층
전 화 (02)376-4298(대표)
팩 스 (02)302-8073
홈페이지 www.hanol.co.kr
e-메일 hanol@hanol.co.kr
정 가 9,800원

□ ISBN 978-89-8325-923-3